Tanja Wenz

TEAM BLUE – DIE WELTENDETEKTIVE

Schätze im Kaisergrab

TANJA WENZ

TEAM BLUE

DIE WELTEN-DETEKTIVE

SCHÄTZE IM KAISER-GRAB

neukirchener

**DIE WELT IST EIN BUCH.
WER NIE REIST,
SIEHT NUR EINE SEITE DAVON.**

Augustinus von Hippo

INHALT

TEAM BLUE

DIE WELTEN-DETEKTIVE

ZOE

ist 14 Jahre alt und die heimliche Anführerin der Freunde. Ihre Mutter lebt nicht mehr. Ihr Vater ist Archäologe und öfter auf Forschungsreisen. Deshalb lebt seine Tochter bei den Großeltern. Zoe ist mutig, sportlich und impulsiv, aber manchmal etwas zu draufgängerisch. Sie ist sehr tierlieb und nimmt ihre Siamkatze Blue mit auf Reisen.

MERLE

ist 13 Jahre alt und lebt bei ihren Eltern. Sie ist tierlieb, besonnen, ruhig und ausgeglichen. Für Sport kann sie sich nicht so begeistern. Sie ist zum Leidwesen ihrer Freunde sehr vergesslich. Ungerechtigkeit bringt sie auf die Palme. Ihr großes Vorbild ist Jesus.

RICARDO

ist 13 Jahre alt und lebt bei seinen Eltern. Er ist sehr wissbegierig und kann sich auch die kleinsten Dinge merken. Kyra bringt ihn so manches Mal an den Rand der Verzweiflung, und er ist froh, dass Merle mit ihrer ausgleichenden Art angespannte Situationen stets entschärfen kann. Ricardo stottert, wenn er aufgeregt ist.

BLUE

ist eine sehr menschenbezogene Siamkatze, die von Zoe auf jede Reise ins Ausland mitgenommen wird. Sie hat einen super Orientierungssinn und hat die Freunde schon des Öfteren aus einer kniffligen Situation gerettet. Blue reist im Flugzeug natürlich in der Kabine und in einem speziellen Katzenrucksack.

DR. GREGOR BALTER

ist der Vater von Zoe, Archäologe und alleinerziehend, deshalb lebt Zoe bei ihren Großeltern, wenn er auf Reisen ist. Gregor ist unglaublich neugierig, trägt lieber Jeans und T-Shirt als Anzug und Krawatte und hört unglaublich gerne laute Musik im Auto.

KYRA

ist 13 Jahre alt und die Cousine von Zoe. Sie ist verwöhnt, altklug und muss zu allem ungefragt ihre Meinung sagen. Zu dem Leidwesen der Freunde ist sie manchmal bei den Ausgrabungen dabei.

KAPITEL 1

EINE KATZE IM FLUGZEUG

„Ich glaube, ich habe mein Ticket zu Hause liegen lassen."

Zoe und Ricardo sahen Merle entsetzt an. „D-das darf d-doch jetzt n-nicht wahr sein", schimpfte Ricardo aufgebracht. „D-du bringst uns m-mit deiner Vergesslichkeit e-echt in die Klemme."

Zoes Großmutter legte Merle beruhigend eine Hand auf die Schulter. „Liebes, komm, wir gehen dort an den Tisch. Da kannst du noch einmal gründlich in deinem Rucksack nachsehen." Mit diesen Worten dirigierte sie Merle zu einem einzelnen Tisch vor einem kleinen Kiosk im Frankfurter Flughafen. Das Gedränge war auch zu dieser frühen Morgenstunde schon riesig, aber keiner hatte die Zeit, um seinen Kaffee am Tisch zu trinken.

„Es bringt überhaupt nichts, wenn du Merle anmachst", flüsterte Zoe in Ricardos Richtung und streichelte dabei ihrer Siamkatze Blue, die sie in einem Katzenrucksack auf dem Bauch trug, über das seidige Fell. „Du weißt doch, wie sie ist. Dann findet sie ihr Ticket erst recht nicht mehr."

Ricardo nickte leicht. Trotzdem ging ihm Merle mit ihrer Vergesslichkeit etwas auf die Nerven. Und das nicht erst seit gestern. Konnte sie denn nicht einmal ihre Siebensachen bei sich haben? In der Schule vergaß sie auch ständig etwas, ob nun ihre korrigierte Mathearbeit oder das Pausenbrot. Ricardo seufzte laut und folgte dann den anderen. „Vielleicht hast du das Ticket ja gar nicht in deinen Rucksack gesteckt, sondern irgendwo anders hin."

Merle schaute erfreut zu ihm auf. „Ach, na klar, du hast recht! Ich habe das Flugticket extra in die Innentasche meiner Jacke gesteckt, damit ich es leichter finde und nicht den ganzen Rucksack durchwühlen muss.“

Kollektives Aufatmen war zu hören, und Zoes Großmutter sagte erleichtert: „Na, dann ist ja alles prima. Auf jetzt zum Check-in-Schalter.“

Als das Gepäck aufgegeben und auf den Transportbändern in den Tiefen des Flughafens verschwunden war, gingen sie zum Durchleuchten des Handgepäcks weiter in Richtung des Security-Bereichs. Hier verabschiedeten sich die drei Freunde von Zoes Großmutter. „Guten Flug“, sagte sie und zog Zoe zu sich heran. „Passt gut auf euch auf und denkt dran, dass ihr euch in Tokio am Informationsschalter meldet. Dort wartet jemand, der euch bis zu eurem Anschlussflug nach Osaka begleitet.“

Zoe nickte und hoffte, dass ihre Oma ihr nicht vor ihren Freunden einen Kuss aufdrücken würde. Aber ihre Großmutter drückte sie nur leicht, tätschelte Blue, ging ein wenig zurück und blieb wartend vor dem Durchgang stehen. Die Freunde zogen ihre Jacken aus, holten ihre Handys aus den Taschen und legten sie gemeinsam mit ihren Rucksäcken in die flachen Behälter, die dann auf einem Band durch eine Art Röntgengerät gezogen wurden. Zum Glück ging heute alles sehr zügig und die ganze Prozedur war schnell erledigt. Sie drehten sich noch mal um, winkten und gingen dann weiter zu ihrem Abfluggate. Dort setzten sie sich so, dass sie nach draußen auf das Flugfeld sehen konnten.

„Ricardo“, sagte Merle, „hol doch mal die Karten aus dem Rucksack. Ich möchte mir anschauen, wo genau die Ausgrabungsstelle liegt.“

„Gute Idee.“ Ricardo hatte die neue Karte schon in der Hand.

Zoe schaute ihn missbilligend an. „Wieso schleppt ihr beiden eigentlich immer noch Karten aus Papier mit euch herum? Es ist doch viel praktischer, das alles auf dem Handy oder meinetwegen auf dem Tablet zu haben." Zoe war nichts mehr zuwider als benutzte und zerknitterte Karten, bei denen keiner mehr wusste, wie zum Kuckuck die wieder richtig zusammengefaltet wurden. Die füllten im Arbeitszimmer ihres Vaters schon ein ganzes Regalbrett.

Merle, die Zoes genervten Blick gesehen hatte, meinte nur: „Lass das mal unsere Sorge sein."

„Wir kommen damit einfach besser zurecht", war Ricardos Kommentar dazu.

Zoe schüttelte nur unwillig den Kopf und sagte: „Also, ich zum Beispiel habe meine Flugtickets in elektronischer Form auf meinem Handy, und auch eine Karte von Japan habe ich mir heruntergeladen. Das ist doch viel praktischer."

Doch Ricardo war sich sicher: „Manchmal ist es gar nicht schlecht, wenn man auf altbewährte Methoden zurückgreifen kann. Bei einer Karte aus Papier geht jedenfalls nie der Akku leer und man hat auch nie das Problem, dass man kein Netz hat oder so."

Zoe wollte gerade etwas erwidern, als plötzlich ein kleiner Junge vor ihr stand. „Komisch, dass du eine Katze da im Rucksack hast."

Nun musste Zoe schmunzeln. Es war nicht das erste Mal, dass Blue auffiel. Sie nahm ihre Katze immer mit auf Reisen, denn eine Trennung fiel ihr sehr schwer, und sei es auch nur für die Ferien. Außerdem fraß die Katze nicht genug, wenn Zoe nicht bei ihr war. Blue war ein Geschenk ihrer Mutter gewesen, und nun, da ihre Mutter tot war, hing Zoe mit einer zärtlichen Innigkeit an dem Tier, die man ihr sonst auf den ersten Blick nicht zutrauen würde. Vor jeder Reise wurde Blue von der Tierärztin untersucht, und es mussten immer so einige Formulare ausgefüllt werden, aber das nahm Zoe in Kauf. Auch wenn das immer viel Zeit beanspruchte.

Der Junge starrte die Katze neugierig an und wartete auf eine Antwort. Aber genauso neugierig bestaunte er auch Zoes raspelkurzen blonden Haare und die großen Ohrringe, die munter an ihren Ohrläppchen baumelten.

„Die Katze heißt Blue und ich nehme sie immer mit auf Reisen. In dem Rucksack hat sie es bequem. Sie kann sich umschauen und bekommt alles mit. Blue ist sehr neugierig, und deshalb ist der Rucksack perfekt zum Reisen für sie."

Der Junge starrte Blue noch immer an und traute sich dann zu fragen: „Darf ich sie mal streicheln?"

„Aber sicher, das gefällt ihr sehr."

Der Junge kam einen Schritt näher und streichelte Blue ganz vorsichtig über den Kopf. Die Katze fing augenblicklich an zu schnurren und streckte ihren plüschigen Kopf der kleinen Kinderhand entgegen.

„Siehst du? Sie mag dich." Der Junge strahlte über das ganze Gesicht, drehte sich dann um und ging zurück zu seinen Eltern. Mit einem Keks in der Hand kam er noch mal zurück und fragte: „Und was passiert, wenn die Katze Pipi muss?"

Zoe lächelte und antwortete: „Das ist kein Problem." Mit geübten Händen holte sie eine kleine Faltbox aus ihrem Rucksack und öffnete den Deckel. „Hier, schau mal."

„Ist das Katzenstreu?", fragte der Junge.

„Ganz genau", bestätigte Zoe. „Wenn Blue muss, maunzt sie immer auf eine besondere Art und Weise. Dann schiebe ich den kleinen Kasten zu ihr hinein. Das klappt super."

Offensichtlich sehr zufrieden stiefelte der Junge zu seinen Eltern und setzte sich beinebaumelnd und keksmümmelnd neben sie.

Zoe verpackte die Box wieder und grinste vor sich hin. Sie war froh, dass sie eine Lösung für Blue gefunden hatte, die auch wirklich funktionierte. Denn so konnte sie die Katze ohne Probleme mit in der Flugzeugkabine transportieren. Das hatte bisher auch auf längeren Flügen immer hervorragend geklappt.

„Ach", seufzte Ricardo, „wie einfach es manchmal doch ist, Menschen glücklich zu machen."

Merle lachte: „Da hast du recht. Wenn Zoe doch nur ihre Englischlehrerin auch so easy glücklich machen könnte ..."

Jetzt lachte Zoe nicht mehr. Im Gegenteil.

„Oh, oh, jetzt bekomme ich aber Angst", kicherte Merle, als sie den grimmigen Gesichtsausdruck ihrer Freundin bemerkte.

Auch Ricardo konnte sich ein Lachen nicht verkneifen. „In Japan kannst du deine Englischkenntnisse ja etwas aufpolieren ..."

Zoe verzog das Gesicht, als hätte sie plötzlich Zahnschmerzen bekommen. Es war kein Geheimnis, dass Zoe in Mathe und Sport supergut in der Schule war, aber in Englisch hagelte es regelmäßig schlechte Noten. Dabei war Zoe gar nicht untalentiert, sondern einfach nur zu faul zum Lernen. Alles, was ihr nicht von alleine in den Schoß fiel und wofür sie etwas tun musste, mochte sie nicht.

In diesem Moment erwachte der Lautsprecher des Gates mit einem lauten Knacken zum Leben. Eine Frauenstimme verkündete, dass das Flugzeug jetzt zum Einsteigen bereit war. Die drei packten ihre Sachen zusammen und reihten sich in die Schlange der Fluggäste ein. Nachdem auch der Letzte sein Handgepäck in den Staufächern über den Sitzen deponiert hatte, saßen alle Passagiere zufrieden auf ihren Sitzen im Flugzeug und es konnte losgehen. Endlich!

Als sie den Start hinter sich hatten, holte Ricardo seine Karte wieder heraus und studierte sie interessiert. Mit einem Textmarker hatte er zu Hause schon einige Stellen markiert. Merle tippte mit dem Finger auf eine Markierung und fragte neugierig: „Was ist das denn? Warum hast du das markiert?"

Auch Zoe schaute jetzt interessiert auf die Karte. Sie hatte jetzt freie Sicht, da Blues Köpfchen nicht mehr in ihrem Blickfeld war, die hatte sich in dem Rucksack bereits bequem eingerollt und schlief anscheinend schon.

Ricardo tat ganz geheimnisvoll und holte tief Luft: „Das hier, das ist ein altes buddhistisches Kloster."

Die beiden Mädchen sahen ihn verständnislos an. Als Ricardo nicht weitersprach, fragte Merle: „Ja, und?"

Ricardo grinste sie an. „Ich habe mich im Internet schlaugemacht. Das Kloster hat eine lange Tradition und steht schon seit vierhundert Jahren dort in der Gegend. Es leben nicht mehr viele Mönche dort, aber die Klosteranlage soll der Wahnsinn sein."

Zoes Augen fingen an zu leuchten. „Erzähl weiter."

„Also", fuhr Ricardo fort, „das Kloster steht zwar auf felsigem Untergrund, dieser beseht aber vor allem aus Kalkstein. Und wie ihr sicher wisst, ist Kalkstein ein eher weiches Material und lässt sich gut bearbeiten. Deshalb wurden unter dem Kloster schon vor langer Zeit Keller ausgehoben. Im Internet heißt es, dass das ganze Kloster praktisch unterkellert ist. Und das nicht nur auf einer Ebene, sondern auf vielen Etagen übereinander."

Zoe schaute ihre beiden Freunde an und grinste wie ein Honigkuchenpferd. „Ich wette, wir können meinen Vater davon überzeugen, für uns bei den Mönchen ein gutes Wort einzulegen, damit wir eine Führung bekommen."

„Das ist gar nicht nötig." Ricardo fühlte sich sichtlich wohl in der Rolle des Tourismusführers. „Die Mönche leben sehr sparsam und stellen Kunsthandwerk her, aber sie leben auch davon, dass sie Klosterführungen anbieten. Ganz sicher sind die Keller bei der Führung inbegriffen."

„Und nebenbei erfahren wir auch etwas über ihren Glauben!“, rief Merle begeistert. „Das ist doch megaspannend.“

Zoe sah sie nur erstaunt an. „Findest du den Buddhismus jetzt spannend oder was?“ Sie schüttelte heftig den Kopf und fuhr fort: „Du gehst regelmäßig in den Gottesdienst und du bist in deiner Gemeinde sehr aktiv.“

„Genau“, stimmte auch Ricardo mit ein. „Ich dachte, du bist Christin. Wieso interessierst du dich dann für den Buddhismus?“

Merle schaute ihre Freunde nur verdutzt an und fragte: „Ja, und?“

„Na ja“, fuhr Ricardo fort, „ich dachte, dass es für dich nur das Christentum gibt.“

Merle lachte: „Nur weil ich Christin bin und an Gott und Jesus Christus glaube, heißt das doch noch lange nicht, dass ich andere Religionen nicht auch interessant finden kann. Ich glaub doch nicht an Jesus, weil gerade sonst nichts im Angebot ist, sondern weil er einfach der Tollste ist.“

Zoe und Ricardo sahen sich nur fragend an.

Merle zog ihre Stirn kraus und sagte leicht beleidigt: „Manchmal frage ich mich, ob ihr mir überhaupt zuhört, wenn ich etwas erzähle.“

„Hoppla“, meinte Zoe. „Natürlich hören wir dir zu.“

„Und wieso wisst ihr dann ganz offensichtlich nicht mehr, dass ich euch schon öfter von Marie Kondo erzählt habe? Die, die so gerne aufräumt, wisst ihr noch? Die ist Japanerin.“ Als Merle sah, dass ihre Freunde sie nur fragend anschauten, fuhr sie leicht genervt fort: „Echt jetzt? Ich wusste es.“

„Aufräumen gehört nun mal nicht zu meinen Lieblingsthemen“, verteidigte sich Ricardo.

„Marie Kondo macht aber eben mehr als aufräumen. Für sie hat das mit dem Leben und Sinn und all so was zu tun. Das gehört zum Schintoismus, so heißt die Religion, und die kommt aus Japan, und da geht es eben auch viel um Reinigung und Ordnung. Hab ich euch doch schon erzählt."

„Meine Güte", staunte Zoe. Sie zog dabei ihre Augenbrauen so hoch, dass Merle wider Willen kichern musste.

„Ist schon gut, ich bin halt manchmal auch an etwas interessiert. Das hat Ricardo schließlich nicht für sich allein gepachtet."

Nun musste Ricardo lachen, und Merle kniff ihn unsanft in den Arm.

„Also, wie ich das sehe, kann unser Trip nach Japan einfach nur spannend werden", sagte Zoe voller Überzeugung. „Auf unser Abenteuer in Japan."

„Auf Japan", stimmten die anderen beiden ihr zu.

Die drei Freunde freuten sich riesig, denn sie würden drei Wochen ihrer Sommerferien im Land der aufgehenden Sonne verbringen. Zoes Vater, Dr. Gregor Balter, war Archäologe und Geologe und leitete zurzeit eine bekannte Ausgrabungsstelle in der Nähe von Asuka, einer kleinen Stadt in Japan. Zoe besuchte ihn oft in den Ferien in seinen Ausgrabungscamps und hatte auch schon tatkräftig angepackt, aber es war das erste Mal, dass Ricardo und Merle mitflogen. Und in Japan war auch Zoe bisher noch nie gewesen. „Bist du eigentlich auf dem neuesten Stand, was dein Vater und sein Team schon ausgegraben haben?", fragte Merle.

„Oh, bisher noch gar nichts. In Asuka wurde ja schon vor Jahrzehnten, ach was, vor Jahrhunderten sehr viel entdeckt. Dort stehen die Reste von alten Kaiserpalästen und auch ein Kofun."

Verwirrt fragte Merle: „Was ist das noch mal?"

„Ein Begräbnishügel", erklärte Zoe. „Dort wurden früher die Herrscher und Mitglieder ihrer Familie bestattet. Natürlich mit reichen Grabbeigaben."

„Klingt spannend", fand Merle.

„Ja, aber eigentlich ist dort schon alles entdeckt, und unglaublich viele Funde werden seit vielen Jahren in den großen Museen von Osaka und Tokyo ausgestellt."

„Aber?", fragte Ricardo.

„*Aber* meinem Vater und seinem Team ist eine kleine Sensation gelungen." Zoe genoss sichtlich die Aufmerksamkeit ihrer Freunde.

„Nun spann uns nicht auf die Folter, sag schon", meinte Ricardo.

„Also, sie haben einen neuen Begräbnishügel gefunden. Er ist vor vielen Jahrhunderten eingeebnet worden. Deshalb wurde er bisher auch nicht entdeckt, weil er sich nicht so deutlich von seiner Umgebung abhebt. Mein Vater erhofft sich, dass sie die Ersten sind, die dieses Grab öffnen werden, und dass die letzten Jahrhunderte unbeschadet an der Grabkammer vorbeigegangen sind und sich dort noch keine Grabräuber bedient haben. Er hofft, dass alles in seinem ursprünglichen Zustand ist und die Grabbeigaben noch komplett sind."

Ricardo grinste über das ganze Gesicht. Das würden ganz sicher spannende Ferien werden. Er freute sich sehr darüber, dass Zoes Vater ihm und Merle diese Reise spendiert hatte, denn obwohl sie ja bei der Ausgrabung helfen und jeden Tag einige Stunden dort arbeiten würden, war das doch sehr großzügig von Dr. Balter.

Als das Flugzeug mit lärmenden Triebwerken zur Startbahn rollte, senkte Merle leicht ihren Kopf und faltete ihre Hände zu einem Gebet. Dann nahm sie Zoes und Ricardos Hände und drückte sie leicht. „Ich bin froh, dass ihr meine Freunde seid." Ricardo nickte nur, und Zoe lächelte über das ganze Gesicht. Sie war auch froh und dankbar über diese besondere Freundschaft.

Der Flug dauerte rund elf Stunden und verlief ohne große Störungen. In Tokio fanden sie den Informationsschalter mithilfe einer Flugbegleiterin recht schnell, und tatsächlich wartete dort auch schon eine Frau auf sie. Mit ihr an der Seite war es im wahrsten

Sinne des Wortes ein Katzenspiel, den Anschlussflug nach Osaka zu bekommen. Als sich nach dem nur anderthalb Stunden dauernden Flug die Türen zur Ankunftshalle öffneten und ein strahlender Dr. Balter sie empfing, nachdem sie endlich ihr Gepäck vom Band gewuchtet hatten, waren sie ziemlich müde und froh, es geschafft zu haben. Zoe fiel ihrem Vater so schwungvoll in die Arme, dass sich Blue mit einem lauten Maunzen beschwerte.

„Na, meine Große, alles gut?", fragte er lächelnd. Zoe nickte.

Dr. Balter begrüßte auch Ricardo und Merle sehr herzlich. Sie waren ihm im Laufe der Jahre richtig ans Herz gewachsen. Schließlich war es auch ihnen zu verdanken, dass Zoe den Verlust ihrer Mutter vor zwei Jahren so gut verkraftet hatte. Ricardo und Merle hatten sich damals sehr um Zoe gekümmert oder besser gesagt, sie hatten sich ganz normal verhalten und waren nicht lautlos um Zoe herumgeschlichen und hatten sie nicht geschont. Sie hatten auch keine Scheu gezeigt, Zoe zu besuchen. Manchmal, wenn Ricardo oder auch Merle zu Besuch waren, war kein Laut aus Zoes Zimmer gekommen. Einige Zeit später hatte er von seiner Tochter erfahren, dass sie sehr froh war, dass sie bei ihren beiden Freunden einfach auch mal schweigen konnte. Er erinnerte sich noch gut daran, wie Merle nicht nur einmal vor der Haustür stand und mit einem energischen Gesichtsausdruck sagte: „Ich hole Zoe ab, wir gehen ins Schwimmbad." Wenn er sie dann fragend anblickte, während sie schwungvoll an ihm vorbeimarschierte, konnte es vorkommen, dass sie wie nebenbei sagte: „Zoe weiß das noch nicht." Und kurz darauf war sie mit seiner verdatterten Tochter im Schlepptau und einem großen Badering über der Schulter wieder aus dem Haus gestapft. Und Ricardo war regelmäßig spontan erschienen, um sich von Zoe Mathe erklären zu lassen oder sie gemeinsam mit Merle mit ins Kino zu nehmen. Die beiden Freunde hatten nie lange gefackelt. Sie hatten einfach nicht zugelassen, dass

Zoe ganz alleine mit ihrer Trauer fertigwerden musste. Vielleicht kannten sich die drei aber auch einfach nur zu gut, denn sie hatten schon im Kindergarten zusammengehalten. Diese Reise nach Japan war seine Art, sich von ganzem Herzen zu bedanken.

In diesem Moment ließ Blue wieder ihr Maunzen hören. „Oh, meine Süße, dir habe ich ja noch gar nicht Guten Tag gesagt." Dr. Balter hielt Zoe im Arm und mit der anderen Hand streichelte er der Katze über den Kopf.

„Ich glaube, sie muss mal", überlegte Zoe.

„Hast du denn ihr Geschirr im Handgepäck oder musst du dafür an deinen Koffer?", fragte Merle.

„Nein", antwortete Zoe sofort. „Blues Katzengeschirr habe ich ins Handgepäck gepackt, damit ich es ihr sofort anziehen kann und nicht lange suchen muss."

„Sehr schlau." Ricardo grinste und blickte dabei vielsagend zu Merle. Aber diese ignorierte seinen Blick demonstrativ.

„Kommt", meinte Dr. Balter. „Draußen gibt es eine ruhige Ecke mit viel Grün. Da kannst du deine kleine Löwin mal aus ihrem Rucksack lassen. Aber pass auf, dass sie keine Passanten anfällt."

Zoe sah ihren Vater nur entrüstet an, aber dieser grinste nur über beide Backen.

Als die drei Freunde durch einen der vielen Eingänge des Flughafens nach draußen traten, wurden sie von einem Schwall feuchtwarmer Luft empfangen.

„Wow, ich wusste ja, dass es hier im Süden von Japan im Sommer feucht und warm ist, aber damit habe ich echt nicht gerechnet", meinte Merle.

„Es ist, als würde man gegen eine Wand laufen", sagte Zoe.

Ricardo streckte seine Hände tastend vor sich aus und grinste: „Ja, ja, diese Wand ist deutlich zu fühlen."

Zoe verdrehte zur Antwort nur die Augen und holte ihre Katze aus dem Rucksack. Blue war ganz entzückt, sich die Beine vertreten zu können. Dass sie dabei an der Leine war, störte sie überhaupt nicht. Sie schaute sich in Ruhe überall um und hinterließ dann eine kleine Pfütze, die sie gewissenhaft wieder zuscharrte. Danach ließ sie sich zufrieden und ohne Protest wieder in ihren Rucksack setzen. Kurze Zeit später saßen alle im Auto und waren auf dem Weg nach Asuka.

KAPITEL 2

DAS CAMP

Im Ausgrabungscamp angekommen, fuhren sie durch ein bewachtes Tor. „Sicher ist sicher", erklärte Dr. Balter, als er die fragenden Blicke der Freunde bemerkte. „Wir haben das Camp zwar nicht komplett eingezäunt, aber an allen Zufahrten stehen Wachen. Das gibt uns Sicherheit und schreckt auch mögliche Grabräuber ab."

Ricardo und Merle bestaunten trotz ihrer Müdigkeit die vielen Zelte, Unterkünfte und Hütten, die wie ein kleines Dorf auf einem großen Areal aufgebaut waren.

„Das sieht aber schnieke aus", bemerkte Merle.

„Das sieht immer so in den Ausgrabungscamps aus", erklärte Zoe.

„Na ja", antwortete Dr. Balter, „für dich ist es ja auch nichts Neues, du kennst das alles schon. Aber für Ricardo und Merle ist das alles Neuland." Zu Merle gewandt fuhr Dr. Balter fort: „Die meisten vom Team leben über Jahre hier, da sollen sie es ja so komfortabel wie möglich haben. Es soll ihnen Freude machen, hier zu leben. Es ist eine Art Zuhause für sie."

Das klang richtig gut, fand Merle. Ein Ort, an dem man sich auch in der Fremde wohlfühlen konnte.

Dr. Balter brachte die drei als Erstes zu ihrer Behausung. Sie hatten eine kleine Holzhütte ganz für sich alleine. Es gab ein Zimmer für Ricardo und ein etwas größeres Zimmer für Zoe, Merle und Blue. Außerdem eine Küche und ein winziges Badezimmer. Sie waren begeistert.

„So, ich lasse euch erst mal in Ruhe ankommen und auspacken. Dann hole ich euch in zwei Stunden für einen kurzen Rundgang und das anschließende Mittagessen im Gemeinschaftszelt wieder ab."

Als Dr. Balter aus der Tür war, ließen sich die drei erst mal erschöpft auf ihre Betten fallen. Blue spazierte derweil in der kleinen Hütte umher und schaute sich alles neugierig an. Sehr schnell fand sie in der Küche auch die Futter- und Wasserschale, die schon gut gefüllt für sie bereitstanden. Eine Zeit lang waren leise Schlabbergeräusche aus der Küche zu hören. Auch die Katzentoilette im Badezimmer wurde direkt benutzt. Als Blue alles gemacht hatte, was Katzen so machen müssen, sprang sie zu Zoe aufs Bett, kuschelte sich an sie und fing augenblicklich an zu schnurren.

Merle lag auf dem Nachbarbett und blinzelte träge zu ihnen herüber. „Es ist schon toll, dass Blue dabei ist. Das ist so ein heimeliges Gefühl, wenn sie schnurrt. Ich liebe das."

Zoe nickte und lächelte. Genauso war es auch für sie selbst.

Aus Ricardos Zimmer waren nur leise rasselnde Geräusche zu hören. „Das gibt es jetzt doch nicht", wunderte sich Zoe. „Wie schafft der es eigentlich, so schnell einzuschlafen?"

„Keine Ahnung, aber die Fähigkeit ist echt bewundernswert", gähnte Merle hinter vorgehaltener Hand.

Als Dr. Balter die Freunde zu dem versprochenen Rundgang abholte, wirkten sie schon wieder etwas munterer, denn auch die Mädchen waren für eine kurze Zeit eingenickt. Ricardo war richtig beeindruckt von dem Aufbau des Camps. „Hey, es gibt sogar einen eigenen Tempel", staunte er.

„Ja", antwortete Zoes Vater. „Hier arbeiten ja viele Japaner, und auch wenn in Japan die Ausübung der Religion keine so große Rolle mehr spielt, gehen sie doch zu bestimmten Zeiten und Terminen in den Tempel. Wir haben aber auch eine kleine Kirche gebaut, damit wir Christen auch einen Ort zum Beten und die Gelegenheit für den Besuch eines Gottesdienstes haben."

„Oh", staunte Merle, „das ist ja toll. Gibt es denn jede Woche einen Gottesdienst?"

„Wir versuchen, ihn alle zwei Wochen möglich zu machen."

„Und können wir uns den Tempel mal genauer anschauen?", wollte Zoe von ihrem Vater wissen.

„Ja, sicher."

Aber Ricardo wollte sich viel lieber direkt mit dem Grabhügel beschäftigen. Er löcherte Dr. Balter förmlich mit Fragen.

„Ja, wir hoffen, uns bald bis zum Eingang vorarbeiten zu können. Wir arbeiten mit hochsensiblen Kameras, deren Aufnahmen auch Hohlräume abbilden können. Wir nutzen wirklich jede Informationsquelle, die wir zu fassen bekommen. Und natürlich lassen wir auch Drohnen steigen, die haben uns bisher gute Dienste geleistet. Vor allem aber hilft uns das Wissen, wie Kofun aufgebaut sind."

Ricardo nickte begeistert, und Dr. Balter fuhr schmunzelnd fort: „Es wurden immer nur wenige Menschen in einem Kofun bestattet. Oft auch nur der Kaiser:"

„Oh", sagte Merle, „das ist dann ja so wie bei den Pyramiden von Gizeh in Ägypten."

„Ganz genau", bestätigte Zoes Vater lächelnd.

Ricardo und Merle schauten sich mit glänzenden Augen um, während sie den Ausführungen von Dr. Balter lauschten. Zoe hingegen langweilte sich bald. Irgendwie sahen alle Ausgrabungscamps ähnlich aus. Aber für ihre Freunde war es eine ganz neue Welt, und obwohl Zoe schon so viel von den Ausgrabungen erzählt hatte, waren sie doch völlig von der Andersartigkeit hier überrascht.

Blue war während des Rundganges immer an ihrer Seite. Wenn keine Autos in der Nähe waren, lief die Katze ohne Leine. Sie entfernte sich nie weit von Zoe. Gut, manchmal kletterte sie auf Bäume und hing dann ganz oben in den Ästen wie die Miniaturausgabe eines Leoparden und sah stolz hinunter. Aber da musste man dann eben durch. Zoe wurde öfter gefragt, wieso die Katze so anhänglich war. Sie antwortete dann immer, dass sie Blue mit der Flasche aufgezogen hatte. Das hatte wohl diese enge Bindung zwischen Mensch und Tier hervorgerufen. In diesem Moment lief Blue zu einem Gebäude, vor dem ein großes Schild stand. Zoe ging ein paar Schritte darauf zu und meinte: „Witzig, das ist ja mehrsprachig."

„Ja", antwortete ihr Vater. „Menschen aus mehreren Nationen arbeiten hier gemeinsam, und deshalb haben wir das so gestaltet. Die Japaner schreiben traditionell von oben nach unten und von rechts nach links, aber mittlerweile finden sich viele Variationen. Manchmal wird auch waagerecht geschrieben, vor allem, wenn der Text im Zusammenhang mit englischen Wörtern gedruckt wird."

Das leuchtete den Freunden ein, denn zwei so unterschiedliche Schriftarten wären sicherlich sonst schwer zu kombinieren. Das Schild, vor dem sie standen, besagte, dass das zeltartige Gebäude die Küche inklusive Speisesaal war.

Blue fing an zu maunzen und rieb sich an Zoes Beinen. „Oh ja, meine Süße", sagte Dr. Balter grinsend. Und zu den Freunden gewandt: „Sie hat sicherlich das Sushi gerochen."

„Oh, Sushi!", rief Merle begeistert.

Dr. Balter musste wieder grinsen, schließlich wusste er von Merles Vorliebe für das japanische Essen und besonders für Sushi. „Kommt." Er lachte auf. „Lasst uns essen gehen. Es ist sowieso Zeit. Vielleicht gibt es ja auch einen Happen für die kleine Löwin."

Es saßen schon einige vom Team beim essen und eine zierliche Japanerin wuselte zwischen den Reihen umher und stellte neue Schalen und Teller bereit. Ein drahtiger Junge folgte ihr auf dem Fuß.

Dr. Balter ging hinein und zog die Kinder mit sich. „Hey Leute", rief er. „Ich möchte euch meine Tochter und ihre Freunde Merle und

Ricardo vorstellen. Sie werden die nächsten drei Wochen mit uns verbringen und uns helfen."

Alle drehten sich um und nickten oder lächelten die Freunde an. Zoe und Ricardo strahlten zurück, aber Merle blickte schnell wieder auf den Boden.

„Und wer ist dieses kleine Plüschmonster an eurer Seite?", fragte einer aus der Runde lachend auf Englisch.

Ricardo stupste Zoe aufmunternd an und meinte: „Komm, trau dich."

Zoe erklärte in etwas holprigem Englisch die Geschichte ihrer Katze. Derweil setzten die Freunde sich zu den Leuten und waren nach kurzer Zeit erstaunt, wie unkompliziert sie waren. Die Japaner konnten alle Englisch, und wenn den Freunden, speziell Zoe, ein Wort nicht einfiel, half jemand aus. Die zierliche Frau in der Küche hieß Lela, und der Junge war Akito. Beide setzten sich für einen Moment zu Dr. Balter und den Freunden.

„So", stellte Lela mit einem Lächeln fest. „Ihr seid also der angekündigte Besuch von Dr. Balter."

Die Freunde nickten. Zoe staunte. Obwohl die Frau so klein war, strahlte sie eine unglaubliche Stärke und Erhabenheit aus. Sie konnte sich das einfach nicht erklären. Und auch Akito, der, wie sich herausstellte, ihr Sohn war, verhielt sich so ganz anders, als sie sich japanische Jungen vorgestellt hatte.

„Ihr seid das erste Mal in Japan, oder?", fragte er sie in fast fließendem Deutsch. Er sprach ihre Sprache fast so gut wie seine Mutter Lela. Zoe wollte ihn schon danach fragen, aber dann fiel ihr auf, dass er nicht wirklich freundlich geklungen hatte. Er wirkte sehr zurückhaltend und irgendwie distanziert, fast schon feindselig. Aber die Hingabe, mit der er Blue unter dem Kinn kraulte, nahm ihn trotzdem für sie ein. Dabei murmelte er irgendetwas Unverständliches auf Japanisch.

„Du magst Katzen?“, fragte Zoe ihn deshalb.

„Sicher mag ich Katzen, und sie mögen mich.“ Mit diesen kurzen Worten verschwand Akito wieder in der Küche im hinteren Teil des Zeltes. Eingebildet war der wohl gar nicht. Zoe schaute ihm leicht irritiert hinterher.

„Was war das denn?“, fragte Ricardo, der den Wortwechsel mitbekommen hatte.

„Keine Ahnung“, antwortete Zoe. „Er scheint nicht der netteste Typ zu sein.“

Merle blickte Zoe an und legte ihren Finger an die Lippen. Dann faltete sie ihre Hände für das Tischgebet. Ricardo und Zoe schlossen sich dem wortlosen Gebet an.

Nach dem leckeren Essen brachte Dr. Balter die drei wieder zu ihrer Hütte und verabschiedete sich. „Ich muss noch etwas in Nara erledigen und komme erst spät zurück. Ihr habt also den ganzen Nachmittag und Abend zu eurer freien Verfügung. Strolcht herum und seht euch alles an. Ich nehme an, dass die Buschtrommel schon hervorragend funktioniert hat und alle im Team wissen, dass ihr angekommen seid.“ Mit diesen Worten ging er zu seinem Landrover und stieg ein. Als er den Motor startete, sprang das Radio an und der Wagen schien förmlich im Takt der Musik zu beben. Grinsend ließ er das Fenster herunter und sagte: „Ach ja, morgen habt ihr noch Schonfrist wegen des Jetlags. Deshalb erwarte ich euch erst um halb elf zur Arbeit.“

Zoe stöhnte ahnungsvoll: „Und ab übermorgen?“

„Um Punkt neun. Das schafft ihr doch locker.“ Kurz darauf verschwand der Wagen in einer dichten Staubwolke, nur die dröhnende Musik war noch eine Weile zu hören.

„Na super“, murmelte Zoe, während sie in die Hütte gingen. „Dann muss ich ja megafrüh aufstehen, wenn ich noch vor der Arbeit meine Laufrunde drehen möchte.“

Ricardo schaute sie spöttisch an und meinte: „Ja, ist schon schlimm, dass du freiwillig so viel joggen gehst. Deine Verzweiflung verstehe ich voll und ganz."

Zoe schnaubte nur. Das war der Haken an der Reise. Sie hatten versprochen, bei den Ausgrabungen zu helfen. Das hieß ganz konkret: Ab morgen würden sie Erde schippen.

„Komm schon", versuchte Merle sie aufzumuntern. „Hauptsache, wir sind zusammen."

Ricardo ließ sich auf einen Stuhl fallen. „Verrücktes Land, oder?"

Merle und Zoe wussten genau, was er meinte. Irgendwie war alles sehr ähnlich zu Deutschland, aber dann auch wieder sehr fremdartig. Hier war es zum Beispiel normal, sich die Schuhe vor dem Betreten eines Hauses auszuziehen. Nicht nur im Flur, sondern ganz draußen. Und so standen auch bei ihnen jetzt drei paar Schuhe auf der kleinen überdachten Veranda.

„Hoffentlich pinkelt kein Hund an meine Stiefel", sagte Merle.

Zoe musste lachen. „Na, wenn das deine einzige Sorge ist. Ich mache mir vielmehr Gedanken, was mit Akito los ist", sinnierte sie.

„Ach", fragte Ricardo, „das ist dir auch aufgefallen?"

Jetzt wurde Merle hellhörig. „Wieso, was meint ihr denn?"

Zoe erzählte Merle, wie kurz angebunden Akito sich verhalten hatte, und Ricardo ergänzte: „Als ich ihm erzählt habe, dass ich total auf den japanischen Schwertkampf Kendo abfahre und zu Hause den Nachbau eines echten Samurai-Schwerts an der Wand hängen habe, hat er so merkwürdig reagiert."

„Wie denn?", fragte Merle. Ihr war nämlich überhaupt nichts aufgefallen, aber sie war auch sehr mit ihrem Essen beschäftigt gewesen. Das Sushi war nämlich superlecker, und sogar Blue hatte mehrere Stücke, allerdings ohne Reis, in einer kleinen Schale unter dem Tisch mit Genuss vertilgt. Nachdem die Katze sich zu Hause lange geputzt hatte, war sie auf Zoes Bett gesprungen, hatte sich zu einer Kugel eingerollt und machte nun leise und irgendwie raspelnde Geräusche.

„Blue schnarcht. Wenn sie das heute Nacht auch macht, muss sie in der Küche schlafen."

Zoe war empört: „Blue schnarcht doch nicht, das sind ganz normale Atemgeräusche."

Ricardo beruhigte sie amüsiert: „Du bist heute Nacht so müde Merle, da könnte ein Elefant neben dir trompeten und du würdest es nicht mitbekommen."

Merle knurrte leise.

„Oh, oh!" Ricardo lachte. „Jetzt habe ich aber Angst."

Auch Zoe lachte und meinte dann: „Aber mal zurück zu Akito. Ich fand es auch merkwürdig, dass er auf dein Schwert überhaupt nicht eingegangen ist. Schließlich ist er Japaner, ich dachte, die Samurai sind doch immer noch in den Herzen oder zumindest in der Erinnerung der Menschen hier verankert."

„Tja", meinte Merle. „Lass uns doch erst mal abwarten. Vieles, was wir denken oder dachten, wird sicher ganz anders sein. Vielleicht ist Akito ja auch einfach ganz anders drauf und er hat mit den Samurai einfach nichts im Sinn. Ich freue mich jedenfalls sehr auf die nächsten Wochen."

Am nächsten Morgen wurde Zoe von der Sonne geweckt, die schon früh ihren Weg in das Zimmer fand. Obwohl sie noch müde war, beschloss sie, es mit einer ersten Joggingrunde zu probieren. Leise stand sie auf und zog sich nach einem kurzen Besuch im Bad und einem großen Glas Wasser ihre Laufsachen an. Dann drehte sie eine gemütliche Runde durchs Camp, in dem schon überall reger Betrieb herrschte. Es fühlte sich einfach nur schön an, die frische Morgenluft einzuatmen und mit den Sonnenstrahlen um die Wette zu laufen.

Die Vögel in den Bäumen sangen, und Zoe fühlte sich einfach nur himmlisch. Unterwegs übte sie an einer kräftigen Astgabel Klimmzüge. Als sie nach zwanzig Minuten die Tür zur Hütte wieder öffnete, hörte sie, wie Merle sich beschwerte: „Geh runter von mir, ich bin doch nicht dein Kissen."

Zoe grinste. „Na, habt ihr eine angenehme Nacht gehabt?"

Merle schnaubte nur. Sie war zwar absolut tierlieb, aber Blue war ihr doch etwas zu anschmiegsam. „Du lässt sie echt zu oft bei dir im Bett schlafen. Weißt du eigentlich, was eine ausgewachsene Siamkatze wiegt? Eindeutig zu viel!"

Zoe kicherte leise. Es war doch immer dasselbe. Denn Blue liebte Zoe über alles, aber wenn sie die Wahl hatte, schlief sie lieber auf Merles Bauch. Sie war an dieser Stelle einfach deutlich besser gepolstert als Zoe. Und Blue war eben sehr auf Komfort bedacht ...

Als sie im Bad fertig waren und an die Tür von Ricardos Zimmer klopften, bekamen sie nur Grunzgeräusche zur Antwort. Aber nach einer kalten Dusche war auch er wach und bereit für ein Frühstück im Küchenzelt. Als sie draußen vor die Tür traten und ihre Schuhe anzogen, sahen sie, dass im Küchenzelt schon viel los war. „Hey, ihr seid doch der Besuch vom Chef. Super, dass ihr uns bei den Ausgrabungen helft. Bis später", sagte jemand.

„Die Buschtrommel funktioniert ja wirklich einwandfrei. So wie dein Vater gesagt hat", stellte Ricardo fest.

„Ja", stöhnte Zoe, „aber ganz ehrlich könnte ich auf die Arbeit nachher ruhig verzichten." Ricardo schaute sie fragend an. „Du weißt nicht, was dich erwartet. Erde schaufeln ist megaanstrengend."

Ricardo grinste nur.

„Hört mal!" Merle zeigte begeistert nach oben. „Hier sind ja echt viele Vögel unterwegs. Und hey, da hinten in den Bäumen sitzen sie in ganzen Scharen."

„Tatsächlich, und sie singen und zwitschern alle auf Japanisch", kicherte Zoe.

Merle kniff Zoe sachte in die Seite und antwortete nur: „Ja, klar. Wie gut, dass dir das auch schon aufgefallen ist."

Ricardo schüttelte nur den Kopf und meinte: „Können wir dann mal los?"

Auf halben Weg zum Küchenzelt blieb Merle abrupt stehen und fragte laut: „Habe ich die Tür eigentlich richtig zugemacht? Ich bin mir da gar nicht mehr so sicher ..."

„Wie jetzt?", wollte Zoe wissen. „Ich habe dir doch extra gesagt, dass die Tür immer gut verschlossen werden muss, damit Blue nicht abhaut."

Merle nickte zerknirscht und sagte: „Ich weiß. Ich laufe schnell zurück und schaue nach."

Ricardo und Zoe wechselten einen leicht genervten Blick, blieben aber stehen und warteten auf Merle. Plötzlich sahen sie Akito auf sich zukommen, der einen großen Karton vor sich hertrug. Ricardo ging ihm hilfsbereit entgegen, aber Akito hievte sich den Karton auf die Schulter und ging ohne ein Wort an ihnen vorbei.

Zoe sah Ricardo fragend von der Seite an: „Was hat er denn?"

„Keine Ahnung", sagte Ricardo. „Lassen wir ihn einfach in Ruhe. Offensichtlich will er ja nichts mit uns zu tun haben."

„Ricardo", widersprach Merle, die gerade schnaufend bei ihnen ankam und den letzten Satz mitbekommen hatte. „Akito ist der einzige Junge in unserem Alter hier, und es wäre doch megaschade, wenn wir nichts mit ihm zu tun hätten. Vielleicht braucht er nur noch eine Weile, bis er auftaut. Außerdem gebe ich da nicht so schnell auf."

„Weißt du, Merle, ich finde es immer wieder schön, wie du auf andere zugehst und Menschen immer eine zweite oder dritte Chance gibst." Merle schaute Ricardo erstaunt an. Das waren ja ganz ungewohnte Worte aus seinem Mund. „Nein, ich meine das ernst. Das ist echt stark. Mir fehlt manchmal die Geduld dafür."

Merle wurde leicht rot und sagte nur: „Na, ich denke dabei auch an dich. Es wäre doch auch für dich schön, wenn Akito mehr mit uns unternehmen würde."

„Stimmt", meinte Ricardo, und auch Zoe nickte zustimmend.

Das Frühstück entpuppte sich als traumhaftes Buffet, bei dem für alle und für jede Geschmacksrichtung etwas dabei war. Als die drei Freunde das Gefühl hatten, das wirklich kein Krümel mehr in ihnen Platz hatte, betrat Dr. Balter das Zelt. „Ach ja", sagte er, „super, dass ich euch hier finde. Da hätte ich gar nicht erst bei euch an der Hütte vorbeischauen müssen."

„Du kennst uns, Papa. Wenn es irgendwo etwas Leckeres zu essen gibt, riskieren wir es auch schon mal, früher aufzustehen."

Dr. Balter grinste sie breit an. „Und? Lecker hier, oder?"

Dem konnten die Freunde nur zustimmen. Dr. Balter schnappte sich einen Teller und holte sich reichlich von dem Buffet. Dann ließ er sich zwischen die Freunde am Tisch nieder und machte sich über sein Essen her. „Ach übrigens hatte ich gestern eine richtig merkwürdige Begegnung in Nara", sagte Dr. Balter und riss die Freunde damit aus ihren Gedanken.

Zoe sah ihren Vater neugierig an und fragte: „Wieso denn merkwürdig?"

„Nun ja", erklärte Dr. Balter, „ich musste noch einige Besorgungen für das Camp machen, und im Baumarkt habe ich einen Mann gesehen, den ich vor langer Zeit einmal bei Ausgrabungen in China getroffen habe."

„Was ist daran jetzt so merkwürdig?"

„Nun, Ricardo, der Mann ist gewissermaßen ein Kollege und auf unserem Gebiet so etwas wie ein Promi. War er jedenfalls vor einigen Jahren noch. Professor van der Velde, er ist Niederländer." Als er die verständnislosen Blicke der Freunde sah, erklärte er weiter: „Ich hatte nie näher mit ihm zu tun, es war damals ein zufälliges Treffen. Später hörte ich, dass er vom rechten Weg abgekommen war und nicht mehr für die Wissenschaft und Forschung arbeitete, sondern auf eigene Faust Ausgrabungen tätigte. Besser gesagt, er grub illegal und raubte, was er an Grabbeigaben freilegte."

„Ja, aber dann ist er doch ein Krimineller und gehört ins Gefängnis", meinte Merle.

„Stimmt, und soweit ich gehört habe, ist er tatsächlich für ein Vergehen, dass man ihm anlasten konnte, ins Gefängnis gewandert. War anscheinend nur eine kurze Haftstrafe, denn ganz offensichtlich ist er entlassen worden und wieder auf freiem Fuß. Aber das ist ja an sich noch nicht besonders merkwürdig. Das eigentlich Merkwürdige war, dass er, als ich ihn ansprach, sagte, es müsse sich um eine Verwechslung handeln. Angeblich würde er Steinberg heißen und ganz sicher keinen Professorentitel haben."

„Bist du dir denn sicher, dass es dieser Professor war?", fragte Zoe vorsichtig. Sie wusste nämlich, dass ihr Vater zwar ein gutes Gedächtnis für Namen hatte, aber sich Gesichter überhaupt nicht merken konnte. Deshalb kam es immer mal wieder zu lustigen Situationen, wenn er Leute nicht auf den ersten Blick wiedererkannte.

„Ja, ich bin mir eigentlich total sicher." Dr. Balter strich sich nachdenklich übers Kinn. „Na ja, ist ja auch egal. Das war sicher nur ein Zufall und hat nichts zu bedeuten."

In diesem Moment setzte sich eine große Frau mit langen roten Haaren zu ihnen.

„Oh, hey, das ist Mieke. Sie ist hier die Frau für alles. Wenn ihr Probleme mit Türschlössern, mit eurem Handy oder mit sonst irgendetwas habt, ist sie die richtige Ansprechpartnerin. Ich glaube, es gibt nichts, was sie nicht reparieren oder erledigen kann. Außerdem hilft sie natürlich auch bei den Ausgrabungen. Sie hat im Camp den Beinamen Superwoman bekommen."

Den Namen fand Zoe irgendwie passend, denn sie sah nicht nur sehr gut aus, sondern schien auch mega durchtrainiert zu sein. Jedenfalls sah ihr ganzer Körper sehr drahtig aus.

Aber Mieke schüttelte nur den Kopf: „Glaubt ihm kein Wort, so toll bin ich gar nicht." Mit diesen Worten streckte sie den Freunden ihre Hand hin. Ihr Händedruck war fest und warm. „Ich freue mich, euch endlich kennenzulernen. Wenn ihr nichts dagegen habt, nehme ich euch nach dem Frühstück mit und zeige euch euren Job."

Die Freunde nickten, nur Zoes Begeisterung hielt sich Grenzen. Dr. Balter hatte in Rekordzeit sein Essen förmlich verschlungen und seinen Kaffee hinterhergekippt. Nebenbei redete er mit zwei Männern vom Team und tippte zeitgleich auf sein Handy ein. Ricardo schaute ihn immer nur wieder sprachlos an. Die Lebensgeschwindigkeit von Zoes Vater fand er sehr beeindruckend. Kurz darauf erhob sich Dr. Balter und sagte zu Mieke: „Super, dass du die Einführung übernimmst. Ich bin dann mal weg."

Bevor die Führung losging, wollte Zoe aber noch Blue holen. „Willst du die Katze denn bei der Arbeit dabeihaben?", fragte Mieke irritiert. „Nicht, dass sie dann wegläuft."

„Das würde sie nicht machen", erklärte Zoe.

„Also normalerweise sind Tiere ja bei der Arbeit hier unerwünscht. Aber, hm, Blue ist ja so was wie die Katze vom Chef", meinte Mieke. „Wir treffen uns dann in zehn Minuten wieder hier vor dem Küchenzelt."

In der Hütte angekommen, stellte Zoe fest, dass Blue das Futter, das sie ihr direkt nach dem Aufstehen in die Schüssel gefüllt hatte, komplett verdrückt hatte und wieder eingerollt tief und fest schlafend auf dem Bett lag. Sie war nicht sonderlich erbaut darüber, so unsanft aus dem Schlaf gerissen zu werden, und quiekte empört, als Zoe sie in den Rucksack steckte. „Nun stell dich nicht so an, schlafen kannst du später auch noch", sagte Zoe, allerdings klang ihre Stimme sehr sanft dabei. Als Blue gut verstaut war, flüsterte sie: „Danke schön."

„Echt, du müsstest dich mal hören", meinte Ricardo, der seinen Pullover aus seinem Zimmer holte. „Du redest mit deiner Katze, wie andere mit kleinen Kindern reden. Blue ist doch kein Mensch."

Zoe ging nicht auf Ricardos Kommentar ein. Er stichelte immer mal wieder wegen Blue, aber Zoe wusste, dass er sie genauso gernhatte wie Merle.

Mieke staunte nicht schlecht, als sie Blue aus dem Rucksack herauslugen sah. „Kann man sie streicheln, oder ist sie gerade nicht so gut drauf? Sie schaut nämlich etwas griesgrämig drein."

Ricardo lachte und meinte: „Oh, das liegt nur daran, dass Zoe sie gerade unsanft aus dem Schlaf gerissen hat. Dann sieht Blue immer leicht genervt aus. Aber keine Angst, sie ist total lieb und tut keiner Fliege was."

Zoe räusperte sich leicht.

„Na gut", ergänzte Ricardo. „Die ein oder andere Maus muss manchmal schon dran glauben."

Mieke grinste und streichelte Blue. „Wie flauschig ihr Fell ist", wunderte sie sich.

Ja, das hörte Zoe nicht zum ersten Mal. Sie war selbst immer wieder verwundert, wie seidig das Fell ihrer Katze war. Als sie Mieke folgten, stellten Ricardo und Merle erstaunt fest, dass das Camp wirklich riesig war, viel größer, als sie gedacht hatten. So groß hatte es gestern irgendwie nicht gewirkt. Ob das am Jetlag und ihrer mangelnden Aufmerksamkeit gelegen hatte? Und Zoe war verwundert, dass sie bei ihrer morgendlichen Laufrunde auch nur einen Teil gesehen hatte. Für die Größe der Anlage sahen sie relativ wenig Leute. Mieke erklärte auf Nachfrage, dass sie die Ausgrabung ganz gezielt betrieben und es lieber überschaubarer halten wollten. Zurzeit konzentrierte sich die ganze Aufmerksamkeit des Teams auf einen etwas separat gelegenen Teil des Geländes. Dort sah die Landschaft noch unberührt aus. In den anderen Teilen fanden ganz offensichtlich schon seit langer Zeit Ausgrabungen statt, denn es gab viele freigelegte Grabhügel und Gräber. Als sie vor einem Hügel standen, der an der Seite eine Öffnung hatte, die mit riesigen Steinblöcken eingefasst war, erklärte ihnen Mieke, dass sie ein typisches Kofun vor sich hatten. „Dieser Grabhügel ist aus dem vierten Jahrhundert", erklärte sie weiter. „Er wurde schon vor langer Zeit entdeckt und freigelegt. Die Grabkammer wurde im Originalzustand gefunden. Es waren also reichlich Grabbeigaben vorhanden, aber die sind schon lange nicht mehr hier. Sie können jetzt im Museum in Osaka und auch in Nara bewundert werden."

Ricardo war etwas enttäuscht: „Oh, ich dachte, ein Kofun ist immer viel größer und hat so eine ganz besondere Form."

Mieke sah ihn erstaunt an. „Wow, das wissen nicht viele Leute. Du hast recht, manche der Kofun sehen von oben tatsächlich wie ein Schlüsselloch aus. Und manchmal sind sie noch viel größer als diese hier." Mit einer ausholenden Handbewegung zeigte sie auf das vor ihnen liegende Gelände. „In der Gegend von Osaka, also der Stadt, in der ihr gelandet seid, da gibt es ein richtig großes Kofun."

Ricardos Augen blitzen vor Neugierde.

„Eigentlich ist es, genau wie hier, eine richtige Nekropole, also ein Bestattungsfeld, aber der Hügel, auf dem das Grab liegt, ist wesentlich höher. Außerdem gibt es unzählige weitere kleinere Grabhügel. Insgesamt ist die ganze Anlage viel bombastischer." Mieke war richtig in Fahrt gekommen. „Symmetrische Wassergräben umschließen das Ganze. Es müssen Tausende von Menschen daran gearbeitet haben. Jahrelang wohlgemerkt. Leider begreift man das ganze Ausmaß dieses Bauwerkes nur von oben, also mithilfe von Drohnenaufnahmen oder eben vom Flugzeug aus."

In diesem Moment trat ein Japaner auf sie zu: „Mieke, du Superwoman, wir haben ein Problem mit dem Jeep. Der Motor spinnt, vielleicht kannst du mal kommen und ihn dir ansehen."

„Ja, klar", sagte Mieke. „Sicher ist die Zündspule nur wieder verdreckt. Ich komme gleich." Die Freunde sahen sie neugierig an und Mieke erklärte: „Ja, wir stecken manchmal sprichwörtlich bis zum Hals im Dreck, und da bleibt es nicht aus, dass Schlamm und Erde in den Motorraum der Geländewagen hineingeraten. Das gibt immer wieder mal Probleme, die ich dann versuche zu lösen."

Als Merle bei Miekes Worten nur verständnislos dreinschaute, setzte Ricardo zu einer Erklärung an: „Also Merle, das mit der Zündspule ist so …"

Doch Zoe unterbrach ihn: „Ja, ja, Herr Oberschlau, wir wissen schon, dass du weißt, was eine Zündspule im Auto ist und was sie alles so draufhat, aber wir verzichten auf weitere Ausführungen, oder Merle?"

Mieke fing an zu grinsen und sagte: „Dann ist es also wahr, was Dr. Balter so über dich erzählt. Du scheinst ja wirklich eine ganze Menge zu wissen."

Ricardo nickte wortlos, aber Zoe konnte sich nicht verkneifen zu sagen: „Ja, schlau ist er wirklich, aber nur im technischen Bereich. Bei den sportlichen Betätigungen sieht das dann schon wieder etwas anders aus."

„Ach“, erwiderte Ricardo ganz entspannt. „Das sagst du ja nur, weil du eigentlich traurig bist, weil in deinen eigenen Kopf nicht so viel hineinpasst.“

Bevor Zoe etwas antworten konnte, sagte Mieke: „Kommt, wir gehen zu der aktuellen Ausgrabung, da steht nämlich auch der Jeep, so kann ich dann direkt mal nachschauen.“ Im Weitergehen erklärte sie dann noch das ein oder andere. „Auf dem Gelände des Camps gibt es einige Kofun, die schon entdeckt sind. Bei vielen war der reich verzierte Sarkophag mit der Mumie und sogar die Grabbeigaben noch vollständig enthalten. Manche Gräber wurden früher auch wieder mit Erde bedeckt. Dort hat man die Mumien in ihren Särgen an Ort und Stelle belassen.“

„Oh je, das klingt jetzt aber schon ein bisschen gruselig. Ich meine, dann liegen die Toten ja noch irgendwo unter uns in der Erde.“ Merle klang, als würde ihr dieser Umstand nicht sonderlich gefallen.

„Ja, genau“, spottete Ricardo. „Und die Mumien krabbeln dann nachts auch aus ihrem Sarg und statten den Mitarbeitern des Camps Besuche ab …“

„Das ist wirklich sehr lustig“, sagte Merle. „Ha, ha.“

Mieke tat so, als hätte sie den kleinen Schlagabtausch gar nicht mitbekommen, und erklärte weiter: „Aber das Kofun des geheimnisvollen Gyonin-Tenno haben wir bisher noch nicht gefunden, deshalb hoffen wir so auf das neue Grab, das wir entdeckt haben. Und ich bin mir sicher, dass hier insgesamt noch eine Menge unter der Oberfläche verborgen liegt. Gräber, Schätze und vielleicht ganze Paläste.“ Mieke war wieder in einen richtigen Rederausch gefallen, aber die Sachen, die sie erzählte, waren so spannend, dass sie noch immer die volle Aufmerksamkeit der Freunde hatte.

Merle fragte: „Aber woher wisst ihr denn immer, wem das Grab gehört, das ihr gefunden habt?“

Mieke erklärte, dass die eigentliche Grabkammer immer mit glatten Steinen ausgekleidet und diese mit üppigen Wandmalereien verziert sind. „Deshalb bekommen wir anhand der Verzierungen, der Darstellungen der Menschen und meistens eben auch des Kaisers, heraus, wer dort bestattet worden ist. Aber manchmal tappen wir auch im Dunklen oder suchen jahrelang vergebens nach dem Grab eines Kaisers."

Als Mieke eine kurze Atempause machte, beeilte sich Ricardo zu fragen: „Wieso interessiert ihr euch eigentlich so sehr für diesen Gyonin-Tenno?"

„Das ist eine lange Geschichte ..." Mieke erklärte, dass es viele Rätsel um diesen Kaiser gab. Keiner wusste genau, wo sein Palast stand und auch nicht, wo er begraben lag. „Tenno ist der japanische Titel für Kaiser, das wusstet ihr, oder?"

Die Mädchen schüttelten die Köpfe, Ricardo nickte.

„In der Geschichtsschreibung finden sich sehr widersprüchliche Angaben. Einmal heißt es, Kaiser Gyonin sei sehr gutherzig gewesen, und an anderer Stelle findet sich wieder, dass er kalt, berechnend und unvorstellbar grausam gewesen sein soll. Andrerseits soll er das Kloster Pjön La gebaut haben und dort viel Zeit verbracht haben." Mit einer Hand zeigte Mieke auf einen entfernt liegenden Hügel und das Gebäude, das sich dort in die Landschaft schmiegte. Tatsächlich, das war ihnen bisher noch gar nicht aufgefallen.

„Hey, das muss das Kloster auf der Karte sein", stellte Ricardo fest.

„Voll krass", meinte auch Zoe. Sie fand es witzig, dass dieses Kloster, das Ricardo ja schon in Deutschland auf der Karte markiert hatte, jetzt Thema im Camp war. Sie mussten wirklich einen Besuch dort machen.

„Ach, ihr habt von dem Kloster schon gehört?", fragte Mieke.

Die Freunde erklärten ihr, dass sie im Flugzeug darüber gesprochen hatten, da es so nah bei der Ausgrabungsstelle lag. „Ja, da müsst ihr wirklich mal hin ... Übrigens, was viele nicht wissen: Es war damals durchaus nicht ungefährlich, sich für eine neue Religion zu interessieren“, erklärte Mieke weiter. „Es gab immer Menschen, die das nicht mittragen und an Althergebrachtem festhalten wollten. Die haben den anderen manchmal das Leben ganz schön schwer gemacht. Erst den ‚neuen‘ Buddhisten, später den ‚neuen‘ Christen. Manchmal ziemlich brutal.“

„Wenn in der Grabkammer neben dem Sarkophag mit der Mumie auch noch die ganzen Grabbeigaben vorhanden sind, sind das dann nicht richtige Reichtümer, die ihr ans Tageslicht bringen werdet?“ Merle war mit den Gedanken noch beim vorigen Thema, das sie aktuell sehr viel mehr beschäftigte.

„Ja“, bestätigte Mieke. „Es ist auch immer sehr spannend und umwerfend, wenn Schmuck, Rüstungen oder anderes wieder im Licht der Sonne erstrahlen. Aber auf der anderen Seite ist das auch immer eine gefährliche Situation. So was spricht sich nämlich immer sagenhaft schnell herum, und wenn wir nicht aufpassen, wimmelt es hier im Lager nachts nur so von Grabräubern.“

Oh, da mussten die Freunde schlucken. Grabräuber kannte man ja sonst nur aus dem Film. „Passt da denn nicht die Polizei auf?“, fragte Merle.

„Nein“, antwortete Mieke. „Die geben sich nicht mit so was ab. Außerdem sind wir hier für Japan in der tiefsten Provinz. Aber natürlich treffen wir selbst auch Vorsorge, denkt nur an unsere eigenen Wachen. Aber Grabräuber sind gewieft und finden oft ungewöhnliche Mittel und Wege, ihr Diebesgut beiseitezuschaffen. Deshalb bringen wir alles, was wir finden, so schnell wie möglich ins Museum nach Osaka oder manchmal auch erst mal nach Nara. Ein Museum ist ein überschaubares Gebäude und mit Alarmanlagen gesichert.

Wir sind alle sehr froh, wenn wir unsere Ausgrabungsgegenstände sauber und mit einer gelisteten Nummer versehen in Sicherheit wissen. Dann werden die Funde ausgewertet und irgendwann können wir die schönsten dann teilweise in Vitrinen bewundern. Das ist immer wieder ein ganz besonderer Moment."

Zoe hatte den letzten Satz nicht mehr mitbekommen, denn sie hatte gemerkt, dass Blue nicht mehr an ihrer Seite war. Wo war sie nur hin? Das hatte es ja noch nie gegeben, dass Blue sich einfach so davonmachte.

„Was ist mit dir?", fragt Ricardo, der Zoes Unruhe bemerkte.

„Blue ist weg."

„Wie, weg?", fragte Merle.

„Na, sie ist einfach nicht mehr da", erklärte Zoe, während sie sich suchend umsah.

„Okay", sagte Mieke, „dann gehst du nach deiner Katze suchen und wir gehen hoch zur Ausgrabungsstelle. Ich muss wirklich mal nach dem Wagen schauen. Du findest uns da hinten." Mieke zeigte auf ein kleines Wäldchen, an dessen Rand sich Autos und andere Gerätschaften häuften.

„In Ordnung, das finde ich problemlos. Blue kann ja nicht weit sein, ich bin also schnell wieder bei euch."

Auf dem Weg zu ihrer Hütte hörte Zoe aus dem Küchenzelt eine sanft flüsternde Stimme. Wer konnte das denn sein? So sehr sich Zoe auch bemühte, sie konnte nicht hören, welche Sprache dort gesprochen wurde. Es klang wie Japanisch, aber es klang nicht nach Lela und schon gar nicht nach Akito. Der gab sich ja immer sehr streng und unfreundlich.

Trotzdem, ich werde mal nachschauen, was da los ist. Als sie zügig auf das Küchenzelt zuging, bemerkte sie, wie schön es im ganzen Camp eigentlich aussah. Die großen Bäume und vor allem das große Kofun mit seinem einzelnen Baum oben auf dem kleinen Gipfel. Zoe wusste, dass es ein Kirschbaum war, der im Frühling in strahlendem Rosa geblüht hatte. Jetzt war die Zeit der Kirschblüte leider schon vorbei, aber trotzdem war der kleine Baum mit seinen weitverzweigten Ästen ein richtig schöner, fast schon verwunschener Anblick vor dem weiten japanischen Himmel. Für einen Moment vergaß sie ihre Sorge um Blue, blieb stehen und genoss den fantastischen Anblick. Sie konnte es immer noch nicht richtig fassen, aber sie waren in Japan, dem Land der aufgehenden Sonne, des Sushi und der Kirschblüte. Es war einfach unglaublich. Sie kniff sich in den Arm vor Freude. Aber dann hörte sie ein leises Maunzen. Das durfte doch nicht wahr sein, Blue war im Küchenzelt! Was zum Kuckuck machte sie da? Mit schnellen Schritten lief Zoe hin. Als sie den weiträumigen Raum mit seinen Holzplanken am Boden betrat und ungeduldig ihre Schuhe auszog, sah sie plötzlich, dass Akito mit dem Rücken zu ihr auf dem Boden saß und leise flüsterte. Es klang für seine Verhältnisse schon fast zärtlich. Und was schaute da unter seinem Arm hervor? Das sah doch verdächtig nach einem braunen Katzenohr aus. „Blue!", rief Zoe aufgebracht. „Was machst du hier?"

Akito drehte sich langsam zu ihr um und fragte spöttisch: „Meinst du, sie antwortet dir?"

„Unfassbar", dachte Zoe. „Was bildete der Typ sich eigentlich ein?" Sie ignorierte die Frage und setzte zur Gegenfrage an: „Was machst du mit meiner Katze?"

Akito fing an zu kichern. „Ganz ehrlich? Diese Frage ist auch nicht viel schlauer als die erste."

Zoe lief rot an, denn sie konnte es überhaupt nicht leiden, wenn jemand sie aufzog. Mit schnellen Schritten ging sie auf die beiden zu und streckte gerade ihre Hände nach ihrer Katze aus, als sie über eine Bodenunebenheit stolperte und das Gleichgewicht verlor. Mit einem Satz war Akito auf den Beinen und hielt Zoe mit ungeahnter Kraft fest, ohne die Katze fallen zu lassen. „Hey, Vorsicht, der Boden ist an einigen Stellen uneben."

„Ach, echt? Wär ich nie draufgekommen", sagte Zoe. „Du kannst mich jetzt loslassen."

„Ein ‚Danke' hätte es aber auch getan", bemerkte Akito lächelnd.

Zoe ging sein Lächeln etwas auf die Nerven. Weil sie nicht so recht wusste, was sie sagen sollte, ging sie in die Offensive, griff nach Blue und fragte: „Also, was machst du nun hier mit meiner Katze?"

Akito drückte ihr Blue mit den Worten „Hier hast du sie" vorsichtig in die Arme. Als Zoe ihn noch immer fragend ansah, erklärte er: „Sie kam hier einfach so hereinspaziert und hat mich angemaunzt. Da habe ich mich zu ihr auf den Boden gesetzt und sie gestreichelt. Ich habe echt nichts mit ihr gemacht."

Zoe nickte hoheitsvoll und streichelte etwas hektisch ihre Blue. Ihre Gedanken rasten, denn so hatte Blue sich noch nie verhalten, sie war noch nie einfach so von ihrer Seite gewichen, um sich dann von einer fremden Person streicheln zu lassen.

„Mach dir keine Gedanken. Tiere mögen mich, so etwas wie eben passiert mir immer wieder. Du bist doch jetzt nicht sauer, oder?"

„Nein", antwortete Zoe. „Das ist nur noch nie vorgekommen. Ich wundere mich einfach nur. Aber, hey, du kannst sehr gut Deutsch. Das ist doch sicher total ungewöhnlich, oder? Ich wusste gar nicht, dass man das hier in der Schule lernt."

Akito versteifte sich merklich und setzte wieder seinen distanzierten Blick auf. Mit monotonen Worten erklärte er ihr, dass die Großeltern seiner Mutter aus Deutschland stammten und die Sprache wie ein Kulturgut von Generation zu Generation weitergegeben wurde. Das fand Zoe sehr spannend, aber Akitos kühler Tonfall verhinderte, dass sie nachfragte. Mit einem kurzen „Danke" stand sie mit Blue im Arm auf und steckte sie sicherheitshalber in den Katzenrucksack. Dann machte sie sich auf den Rückweg zu ihren Freunden. Innerlich seufzte sie, denn nun begann die Arbeit.

KAPTITEL 3

AUSGRABUNGEN FÜR ANFÄNGER

„Vorsicht!", sagte Tom, ein Archäologe aus den USA. „Du darfst den Spaten nicht zu tief ansetzen. *Be careful, okay?* Du musst mit mehr Gefühl arbeiten, das habe ich dir doch gestern schon erklärt."

Ricardo nickte heftig und murmelte leise vor sich hin: „Jaja." Eigentlich hatte Tom ja recht. Er hatte ihm wirklich erst gestern ausführlich erklärt, dass man bei der Ausgrabung vorsichtig sein musste und nie zu viel Erde auf einmal abtragen durfte. „Sonst übersieht man vielleicht etwas Wichtiges und schaufelt es versehentlich mit in den Eimer", hatte er Toms Worte noch im Ohr. Es war ja nicht so, dass Ricardo sich nicht bemühte, alle Anweisungen einzuhalten, aber manchmal riss ihn seine Ungeduld einfach mit und er schaufelte drauflos, was das Zeug hielt. Es war nämlich so, dass Tom vor zwei Tagen einige Tonscherben vor der völligen Zertrümmerung durch Ricardos Spaten bewahrt hatte. Und als diese Tonscherben sich als Reste von riesigen Tonfiguren herausgestellt hatten, war das totale Chaos im Camp ausgebrochen. Aus allen Ecken und Stellen des Camps waren Leute gekommen, um sich die Tonscherben anzuschauen.

„Ist das nicht etwas viel Aufregung wegen einiger Tonscherben?", hatte Merle wissen wollen.

Aber Tom hatte den Grund für die ganze Aufregung erklärt: „Die Tonscherben deuten auf Tonfiguren hin, sogenannte Haniwas. Sie wurden früher in der Nähe von Gräbern aufgestellt oder vergraben. Sie sollten die Gräber bewachen, aber manchmal dienten sie wohl auch einfach nur zur Zierde."

Ricardo stutzte: „Diese paar Tonscherben hier deuten auf diese Haniwas hin? Wie groß sind die denn?"

„Das ist ganz unterschiedlich", erklärte Tom. „Manche sind nur eine Handbreit hoch, aber manchmal sind sie auch bis über einen Meter groß. Das ist dann schon richtig was."

„Stimmt", meinte Merle. „Aber warum sind deswegen jetzt alle so aufgeregt?"

Ricardo seufzte: „Mensch, Merle, das liegt doch auf der Hand. Wo Haniwas auftauchen, kann das Grab nicht mehr weit sein."

Merle schaute ihn finster an und meinte: „Kann ja nicht jeder so megafix im Denken sein wie du. Außerdem bekomme ich dafür ganz andere Sachen mit."

„Ja, mehr so die gemütlichen," lachte Zoe.

Abends hatte Tom ihnen Tonfiguren gezeigt, die sie schon bei einem anderen Grab gefunden hatten.

„Wow, die sind ja echt riesig!", stellte Ricardo fest. Die Haniwas waren von der Erde befreit worden und leuchteten in der Abendsonne rotgolden.

„Wunderschön!", staunte Merle. „Ich meine, überlegt doch mal, dafür, dass sie so lange unter der Erde verborgen waren, sehen sie echt toll aus."

Zoe hatte nur gegrinst, aber insgeheim hatte sie Merle recht gegeben.

Der Fund der Tonscherben hatte jedoch einen klaren Nachteil: Tom ließ sie fortan nicht mehr in der Nähe der Fundstelle der Tonscherben arbeiten. „Sorry, aber da müssen Profis ran", hatte er ihnen erklärt. Stundenlang bearbeiteten sie nun eine andere Stelle. Blue, die meistens bei ihnen war, hatte erkennbar ihren Spaß an der Sache.

Sie buddelte sich kleine Kuhlen in den Sand und ließ sich die Sonne auf den Pelz scheinen oder jagte Mäuse und Insekten.

Tom grummelte noch eine Zeit lang Unverständliches vor sich hin, dann drehte er sich um und wandte sich anderen Aufgaben zu.

Zoe meinte: „Mach dir nichts draus, seit dem Fund der Tonscherben ist die Stimmung einfach total angespannt."

Ricardo nickte nachdenklich, musste dann aber doch grinsen, und stichelte: „Eigentlich hast du es doch ziemlich gut. Seit Tom gemerkt hat, dass du sowieso nur jedes dritte Wort verstehst und er ja kein Deutsch spricht, hält er sich mit seinen Anweisungen an Merle und mich."

Das war Zoe auch schon aufgefallen, aber über ihre schlechten Englischkenntnisse wollte sie in den Ferien eigentlich nicht reden. Aber einen Spruch konnte sie sich dann doch nicht verkneifen: „Das ist doch prima, so bekomme ich seine schlechte Laune gar nicht richtig mit."

Merle warf einen dicken Erdklumpen zu ihr rüber und Zoe quiekte. „Na warte."

Aber bevor sie zum Gegenangriff übergehen konnte, erschien Tom schon wieder auf der Bildfläche. Zoe stöhnte und bearbeitete vorsichtig mit dem Spaten das Erdreich vor ihr. Aber sie musste auch daran denken, was ihr Vater gestern Abend gesagt hatte: „Tom ist sehr gewissenhaft. Wenn er das Gefühl bekommt, dass Leute sich keine Mühe geben oder nur sehr grob arbeiten, kommandiert er sie ins Küchenzelt ab. Es sieht so aus, als hättet ihr das richtige Händchen für die sorgfältige Arbeit in der Erde." Und wenn Zoe jetzt so darüber nachdachte, war die Küchenarbeit keine gute Alternative für sie. Überrascht schaute sie hoch, als Tom fragte: „Heute Abend gibt es einen spontanen Gottesdienst. Kommt jemand von euch mit?"

Auch Ricardo schaute reichlich verdattert aus der Wäsche. Das ausgerechnet der spröde Tom sie wegen eines Gottesdienstbesuchs fragen würde, hätte er nicht gedacht.

Merle aber stand auf und klopfte sich die Erde von der Hose. „Heute Abend?“ Tom nickte bestätigend. „Das ist super, ich komme sehr gerne mit.“

„Well, dann hole ich dich um acht Uhr ab.“ Fröhlich pfeifend ging Tom zur Grabanlage zurück.

Sprachlos blickte Ricardo zu Merle auf und Zoe fragte: „Ausgerechnet Tom geht in den Gottesdienst?“

Merle sagte lächelnd: „Das ist doch schön. Überhaupt habe ich schon festgestellt, dass viele Christen hier arbeiten.“

„Wann hast du das denn festgestellt?“ Ricardo war sichtlich irritiert.

„Na, zum Beispiel bei den Mahlzeiten.“ Merle lächelte versonnen, während Blue sich vor ihr auf dem Boden wälzte und ihren flauschigen Bauch zeigte. „Ihr esst ja immer so megafix und verschwindet wieder aus dem Küchenzelt.“ Ricardo und Zoe blickten Merle abwartend ab, während ihre Freundin sich hinkniete und mit beiden Händen der Katze den Bauch kraulte. „Manchmal setzt sich jemand vom Team neben mich und dann reden wir halt. Ich finde es absolut spannend, wie die christliche Gemeinde auch hier in Japan lebt, auch wenn es hier im Camp ja eher international zugeht.“

„Haben die Leute dir von ihrem Gemeindeleben erzählt?“, fragte Zoe erstaunt.

„Ja, das haben sie.“ Verträumt blickte Merle einem Vogel hinterher, der mit langsamen Flügelschlägen hinter den Bäumen verschwand. „Ihr wisst ja, dass ich in den Ferien schon mehrmals auf Jugendfreizeiten war. Überall war es ähnlich, der Glaube verbindet, und es gab immer genug Gesprächsthemen. Auch hier im Camp ist das so. Das finde ich richtig schön." Als Ricardo und Zoe nicht antworteten, fuhr Merle fort: „Habt ihr eigentlich schon gesehen, dass auf der Tafel vor der kleinen Kirche jeden Morgen eine neue Tageslosung geschrieben steht?"

„Jetzt, wo du es sagst", meinte Ricardo, „das ist mir auch schon aufgefallen."

„Gut", meinte Zoe mit einem Seitenblick zu Ricardo. „Ich gehe mit in den Gottesdienst. Und du kommst doch auch mit, oder?"

„Klar."

Merle lächelte erfreut. Endlich wieder einen Gottesdienst besuchen, das waren tolle Aussichten. Und dass ihre Freunde mitkommen wollten, fand sie richtig schön.

Blue hatte sich eine neue Kuhle gescharrt und sich darin gemütlich niedergelassen. Nach einer Weile machten die Freunde eine kurze Pause im Schatten eines großen Baumes. Ricardo lehnte sich gegen den knorrigen Stamm und seufzte leise: „Die Arbeit ist ja echt in Ordnung, immerhin können wir deswegen hier sein."

„Aber?", fragte Merle.

„Dass die Erde so einen strengen Geruch hat, das nervt mich schon ein bisschen."

Zoe verzog das Gesicht und meinte. „Das finde ich auch richtig blöd. Der Geruch oder besser gesagt Gestank hängt mir in den Haaren und in der Kleidung. Sogar nach dem Duschen und in frischen Klamotten rieche ich diese klebrige Erde noch." Zoe schüttelte sich angeekelt.

Aber Merle war da anderer Meinung: „Also mich stört der Geruch überhaupt nicht. Und in der Erde zu buddeln finde ich viel interessanter, als in der Küche Tische abzuwischen. Denkt dran, was Zoes Vater uns gestern über Tom erzählt hat." Sie hielt einen kleinen

Zweig mit Blättern in den Händen und zupfte daran herum. „Und außerdem haben wir ja schon etwas entdeckt. Stellt euch mal vor, wenn mit unserer Hilfe der Eingang zu der Grabanlage gefunden werden würde. Immerhin lauert die ganze Welt darauf."

Ricardo nickte zustimmend, aber Zoe stöhnte nur. Die Freunde arbeiteten nun seit sechs Tagen im Camp. Morgens drei und nachmittags zwei Stunden. Abends waren sie ziemlich müde, aber zumindest waren sie den Jetlag mittlerweile los, konnten nachts besser schlafen und waren tagsüber nicht mehr so müde. Zoe schaffte es sogar fast jeden Morgen, rechtzeitig für ihre Joggingrunde aufzustehen. Dr. Balter sahen sie praktisch nur bei den Mahlzeiten oder bei der Arbeit. Er wirkte bei den Gesprächen so, als wäre er mit seinen Gedanken irgendwo anders, und tatsächlich hatte er erst diesen Morgen beim Frühstück erklärt: „Sorry, dass ich momentan so abgelenkt bin und keine Zeit abends mit euch verbringe. Aber die Entdeckung der Haniwas ist einfach kolossal, und ich hoffe auf eine baldige Entdeckung des Einganges zum Grab."

Am nächsten Morgen klagte Zoe: „Ich habe praktisch keine sauberen Klamotten mehr, alles ist mit Erde verdreckt."

„Dann musst du halt mal die Waschmaschine füllen, das ist doch nicht so schwer", meinte Merle.

Aber Zoe ging nicht darauf ein und fuhr fort: „So langsam habe ich keine Lust mehr auf die Buddelei. Außerdem sind alle um uns rum nur noch angespannt."

„Ja", bestätigte Ricardo. „Und dass kann ja wochenlang so bleiben."

„Hat jemand meinen blauen Pullover gesehen?", fragte Zoe. „Nö", tönte es aus Merles Bett.

„Das kann doch nicht sein, den hatte ich doch gestern noch an", schimpfte Zoe leise vor sich hin.

Als Merle kurz darauf ins Bad kam, hörte sie ein leises „Danke" von Zoe. „Ach", fragte sie, „hast du den Pullover gefunden?"

„Jepp“, bestätigte Zoe.

„Und da hast du dich bei deinem Pullover bedankt?“

„Ja, klar, beim Göttlichen, dass ich ihn gefunden habe, und beim Pulli, weil er mir jeden Tag so treue Dienste erweist.“

„Du bist echt krass drauf“, stellte Ricardo fest, der in der Badezimmertür erschienen war.

„Kommt, ein neuer Tag im Riesensandkasten wartet auf uns“, lenkte Merle schnell ab. Auf ein Wortgefecht zwischen den beiden hatte sie nun wirklich keine Lust.

Als sie sich auf der kleinen Holzveranda die Schuhe anzogen, stellte Merle mit einem Blick auf die dreckverkrusteten Schuhsohlen fest: „Eigentlich ist es gar nicht so schlecht, dass hier vor dem Betreten der Innenräume die Schuhe ausgezogen werden. Stellt euch mal vor, was für ein Haufen Erde im Küchenzelt landen würde, wenn die Leute ihre Schuhe nicht ausziehen würden.“

Zoe nickte zustimmend.

Beim Frühstück beachteten Ricardo und Zoe Akito inzwischen nicht mehr besonders, denn dieser zog jedes Mal ein finsteres Gesicht, wenn er die Freunde sah. Nur Merle ließ sich davon nicht abhalten und lächelte ihn bei jeder Gelegenheit an.

„Wenn du das so weitermachst, denkt er noch, dass du ihn ganz toll findest“, warnte Ricardo sie.

„Ganz sicher denkt er das nicht“, stellte Merle klar. „Ich bin einfach nur nett zu ihm. Das ist für mich normal.“ Als Ricardo nicht reagierte, neckte sie ihn: „Vielleicht solltest du das auch mal probieren. Nett sein ist nämlich echt was Positives. Es ist doch schade, wenn man sich so schnell abschrecken lässt.“

Lela war im Gegensatz zu ihrem Sohn sehr aufgeschlossen und nett. Seit sie wusste, dass Merle Sushi über alles liebte, packte sie ihr mittags immer eine kleine Auswahl der leckersten Stücke auf den

Teller. Das genoss Merle sehr. In diesem Moment kam Tom mit einem Teller voll Rührei und Speck an ihrem Tisch vorbei und sagte im Vorbeigehen: „Hat mich gefreut, dass ihr gestern dabei wart. *That was great.*"

Merle grinste wie ein Honigkuchenpferd. Der Gottesdienst war aber auch wirklich schön und zu ihrer aller Erstaunen war die kleine Kirche gut gefüllt gewesen. Ricardo hatte hinterher gesagt, dass er gar nicht gewusst hatte, wie wichtig den Leuten hier der Gottesdienst war.

Als sie nach dem ausgiebigen Frühstück aus dem Küchenzelt traten und auf dem Weg zu der Ausgrabung waren, konnten sie schon von Weitem sehen, dass große Aufregung herrschte. Mieke telefonierte laut und strich sich mit der Hand hektisch einige widerspenstige Haarsträhnen aus dem Gesicht. Die Freunde fackelten nicht lange und liefen sofort los. „Was ist denn passiert?", fragte Zoe etwas atemlos.

„Die Haniwas sind verschwunden", erklärte Mieke, während sie das Handy kurz vom Ohr weghielt.

Merle hielt sich mit den Händen die Seiten und versuchte geräuschvoll, genügend Luft in ihre Lungen zu pumpen. Trotzdem gelang es ihr zu fragen: „Wieso … die Haniwas? Wir haben bisher doch nur ein paar Tonscherben von ihnen gefunden. Da gab es doch noch nichts zu stehlen."

Aber Ricardo und Zoe verstanden sofort, dass Mieke natürlich die Haniwas des anderen Grabes meinte. „W-as, d-die Haniwas s-sind weg? W-wer klaut die denn?"

Mieke, die ihr Telefonat beendet hatte, sagte: „Ja Ricardo, das ist eine gute Frage. Da sie weder aus Gold noch aus anderen Edelmetallen gefertigt sind, haben sie nur einen wissenschaftlichen Wert."

Mieke verscheuchte mit einer Hand ein aufdringliches Insekt und erklärte dann weiter: „Wir haben den Fund der Haniwas nicht an die große Glocke gehängt, da es sich bei der Fundstelle ganz offensichtlich nicht um das Grab des Gyonin-Tenno handelt."

Merle schaute nur irritiert, und so erklärte Mieke weiter: „Versteht mich bitte nicht falsch, aber wir sind wirklich sehr hinter der Grabstätte des Kaisers her. Um es ganz platt zu sagen: Alles andere ist momentan nebensächlich." Merle nickte verstehend. „Ich habe im Laufe der letzten Woche schon die meisten Haniwas ins Museum nach Osaka gebracht. Aber drei waren eben noch hier, da ich auch noch andere Sachen transportieren musste. Ich wollte nicht das Risiko eingehen, dass die Figuren zerbrechen, deshalb habe ich den Pick-up nicht so vollgepackt." Mieke ließ sich auf einen Stein plumpsen. „Ich dachte, dass sie total sicher bei uns im Camp sind. Ich meine, wer klaut schon Haniwas?"

„Tja", meinte Merle, „irgendjemand hat sie aber doch geklaut. Oder kann es sein, dass sie aus Versehen von jemandem vom Team an einen anderen Ort oder vielleicht sogar ins Museum gebracht worden sind?"

Zoe starrte ihre Freundin erstaunt an. Normalerweise war sie selbst immer diejenige, die sich solche Gedanken machte. Von Merle war sie das überhaupt nicht gewohnt. Merle, die ihren Blick bemerkt hatte, sagte: „Was denn? Man wird doch noch fragen dürfen."

„Nein, nein," beeilte Zoe sich zu sagen. „Das ist eine gute Frage."

Merle war sich nicht sicher, ob das jetzt ein Kompliment war oder nicht.

„Hey, da kommt Tom", stellte Ricardo fest.

Mieke sprang auf und rief: „Sag mir bitte, dass du gute Neuigkeiten hast." Aber Tom, der auch sein Handy am Ohr hatte und aufgeregt telefonierte, schüttelte nur heftig mit dem Kopf.

„Mist.“ Mieke befreite ungeduldig das Insekt, dass sich mittlerweile in ihren Haaren verfangen hatte, und murmelte: „Ich weiß nicht, was die immer mit mir haben, ständig habe ich welche von denen vor der Nase oder im Haar.“ Dann sagte sie: „Ich habe schon mit deinem Vater und allen möglichen anderen im Camp gesprochen. Keiner weiß etwas von den Haniwas.“

„Aber es ist ja gut, dass die meisten der Figuren schon im Museum und damit in Sicherheit sind“, sagte Ricardo, als er sich wieder etwas beruhigt hatte.

„Weißt du, es geht hier auch gar nicht um den Verlust der Figuren, sondern mehr darum, dass hier jemand herumschleicht und Gegenstände klaut. Das ist das Schlimme an der Sache“, erklärte Mieke.

In diesem Moment stürzte Dr. Balter mit langen Schritten auf sie zu, aber er hatte auch keine Neuigkeiten für sie, dafür aber viele Fragezeichen im Gesicht. „Ich kann mir wirklich nicht erklären, wer Interesse an den Haniwas hat. Sie sind nur für die Wissenschaft wichtig und vielleicht noch für exklusive Sammler. Aber ich glaube nicht, dass es dafür überhaupt einen Markt gibt. Also einen Schwarzmarkt, auf dem Sammler diese Gegenstände wie die Tonfiguren illegal erwerben können.“

Ricardo hatte auf einmal einen ganz anderen Gedanken und fragte: „Und was, wenn es den Dieben gar nicht um einen möglichen Wert ging, sondern um etwas ganz anderes?“ Alle sahen ihn fragend an, selbst Blue stellte ihre Ohren auf. „Na“, fuhr Ricardo fort, „ihr habt doch immer über Gyonin-Tenno gesprochen und dass unklar ist, wo sein Grab ist. Auch die Informationen über ihn sind dürftig und widersprüchlich.“

„Du meinst, es geht den Dieben um Hinweise auf den Gyonin-Tenno?“, fragte Dr. Balter.

Mieke fand, dass das gar nicht so abwegig war. Schließlich war Gyonin-Tenno der Wissenschaft bekannt. Viele Archäologen, die auf Asien und besonders auf Japan spezialisiert waren, kannten ihn und das Geheimnis, das ihn umgab. Es konnte also durchaus sein, dass jemand ganz gezielt diese Haniwas gestohlen hatte, um Hinweise auf Gyonin-Tenno zu bekommen.

„Hm", meinte auch Dr. Balter. „Da könnte was dran sein. Ich nehme mir noch mal die Grabstelle vor, an der die Figuren gestohlen wurden. Kommst du mit, Mieke?" Aber Mieke hatte leider keine Zeit, sie wollte noch mit dem Museum telefonieren. „Dann kommt ihr drei doch mit, wir können dann auch mal in die Anlage hineingehen. Momentan denkt sowieso keiner ans Arbeiten."

„Sehr cool," meinte Zoe, denn vor lauter Arbeit waren sie noch gar nicht dazu gekommen, die freigelegte Grabanlage von innen anzuschauen. Obwohl die Aufregung wegen des Diebstahls wie eine dunstige Glocke über dem Camp hing, genossen die Freunde die Aussicht auf eine Besichtigung der Grabanlage. Schließlich hatten sie sich ein bisschen Freizeit redlich verdient.

„Wow", staunte Ricardo. „Von Nahem wirkt alles noch viel riesiger."

Zoe nickte nur und Merle ließ ihre Hände über die rauen Steine gleiten. Unglaublich, dass sie so lange unter der Erde gelegen hatten. Dr. Balter führte sie zu einem schmalen Einlass. Dort ging es in die Tiefe der Grabanlage, die von mächtigen Steinen überdacht war.

„Mann, wenn die Steine über uns einkrachen, dann sind wir Matsch. Matsch in seiner reinsten Form." Merle kicherte nervös.

„Keine Angst", beruhigte Dr. Balter sie. „Der Deckstein liegt sehr solide auf den Trägersteinen. Es ist absolut unwahrscheinlich, dass er einbricht. Da müsste schon ein sehr heftiges Erdbeben kommen." Das klang doch schon mal beruhigend.

Die Freunde staunten nicht schlecht, als es immer tiefer in die Grabanlage hineinging. Sie waren so tief unter der Erde, dass kein Tageslicht mehr seinen Weg dorthin fand. „Wartet kurz“, bat Dr. Balter. Er bückte sich, und im nächsten Moment flammte das grelle Licht von vielen Halogenscheinwerfern auf.

„Oh, das ist ganz schön hell.“ Merle hielt sich eine Hand vor die Augen.

„Ja, das brauchen wir für unsere Arbeit auch.“

„Das ist ja echt riesig, wirklich ein Grab für einen Herrscher“, murmelte Zoe.

Das Kofun war wirklich von gewaltigen Ausmaßen und nicht nur sehr hoch, sondern auch sehr lang. Die Seiten waren von tonnenschweren Steinen eingerahmt, und die Decke konnten sie wegen der Höhe nur schwer ausmachen.

„Wartet, bis wir in der eigentlichen Grabkammer sind“, meinte Dr. Balter. „Sie ist zwar recht eng, aber trotzdem einzigartig.“

Tatsächlich, die Freunde mussten sich förmlich in die Grabkammer hineinquetschen. Ganz offensichtlich war sie nicht dafür gedacht, dass sich so viele Menschen gleichzeitig darin aufhielten.

Als Ricarcdo den großen Sarkophag am Stirnende der Kammer sah, pfiff er leise durch die Zähne. „Echt krass.“

Merle fand den Sarkophag auch krass, aber mehr aus anderen Gründen. „Ähm, Dr. Balter. Da ist jetzt aber nicht mehr die Mumie drin, oder? Ich meine, Sie haben den Toten doch sicher ins Museum gebracht, oder?“

Zoe verdrehte nur die Augen, aber Dr. Balter zwinkerte Merle zu und antwortete: „Keine Angst, die Mumie haben wir als Erstes gesichert und ins Museum gefahren.“

Der erleichterte Seufzer, den Merle ausstieß, ließ Dr. Balter lächeln, und er beschloss, lieber nicht von den kleinen Bewohnern der

Grabanlage zu berichten. Das hätte Merle sicher nur beunruhigt.

„Die Wände sind ja bemalt", stellte Ricardo erstaunt fest. Tatsächlich, viele bunte Zeichnungen waren in die Steine geritzt worden. Ganze Szenen des Alltags wurden dort wiedergegeben.

Als Merle sich gegen einen der mannshohen Steine an der Seite lehnte, um Platz für Zoe zu machen, und sich dabei mit den Händen an der Wand abstützte, gab der Stein mit einem leichten Schnarren etwas nach. Merle stieß einen Schrei aus und hechtete nach vorne.

„Hey!", protestierte Ricardo. „Spinnst du?"

Aber Merle war nicht nach Erklärungen zumute. Sie wollte einfach nur aus der Enge der Kammer raus und frische Luft spüren.

Dr. Balter sah ihr verwundet hinterher. „Hat Merle Platzangst?"

„Nicht, dass ich wüsste," meinte Zoe.

Sie folgten Merle nach draußen. „Was war denn los?", fragte Zoe ihre Freundin.

„Ich weiß auch nicht, aber der Stein, an den ich mich gelehnt habe, hat unter meinen Händen nachgegeben."

Dr. Balter, der das Gespräch mitbekommen hatte, sagte: „Das kann eigentlich nicht sein. Die Steine sitzen alle fest. Komm, wir gehen noch mal rein und überprüfen das."

Aber Merle konnten momentan keine zehn Pferde mehr in die Grabkammer bringen. In diesem Moment tauchte Mieke auf. „Ich habe noch mal überall angerufen und den Diebstahl bekannt gegeben."

„Das ist gut", meinte Dr. Balter. „Hey Merle, was ist denn mit dir los, du zitterst ja", stellte Mieke erstaunt fest. Als Merle nicht sofort antwortete, erklärte Dr. Balter: „In der Grabkammer hat ein Stein unter ihren Händen nachgegeben."

Mieke zog nur verwundert die Schultern hoch und sah Merle neugierig an. „Das kann eigentlich nicht sein."

Dr. Balter nickte. „Genau das habe ich auch gesagt, und ich wollte noch mal mit ihr hineingehen, aber sie möchte nicht. Kommst du stattdessen mit?“

Mieke war einverstanden, aber schon nach kurzer Zeit kamen die beiden unverrichteter Dinge zurück. „Wie haben keinen Stein gefunden, der auch nur ansatzweise gewackelt hat. Bist du sicher, dass er nachgegeben hat?“

Merle nickte vage. Sie war sich zwar sicher, aber wenn die beiden das nun gecheckt hatten, musste sie sich ja wohl geirrt haben. Zoe und Ricardo sahen Merle nachdenklich an, sagten aber nichts. Später, wenn sie ungestört waren, wäre immer noch genug Zeit für Fragen.

Den Rest des Tages verbrachten sie wieder mit Erdeschaufeln. Toms Laune war heute unterirdisch, denn der Diebstahl hatte ihn ziemlich aufgeregt. Aber als Merle dann am späten Nachmittag auf einen großen Widerstand stieß, war Tom wieder Feuer und Flamme. Vorsichtig legte er den Gegenstand frei und stieß dann einen lauten Pfiff aus. Merle hatte eine intakte Tonfigur gefunden. Damit hatte der Tag für ihn doch noch ein gutes Ende gefunden. „Wir kommen dem Eingang immer näher. *That's great.*“ Mit diesen Worten drückte er die verdutzte Merle enthusiastisch an sich.

Der Fund wurde von allen begeistert aufgenommen. Dr. Balter kam abends noch bei den Freunden bei der Hütte vorbei und sie saßen auf der kleinen Veranda, unterhielten sich und tranken Tee. Zoes Vater war so richtig in seine archäologische Welt abgetaucht und verlor sich in Beschreibungen der japanischen Grabanlagen.

Merle hörte nur mit einem Ohr zu. Sie war müde und lauschte den nächtlichen Geräuschen. Es klang vertraut und doch irgendwie fremdartig gleichzeitig. Worin der Unterschied eigentlich bestand, hätte sie aber nicht sagen können.

Bunte Windlichter verbreiteten ihr gemütliches Licht auf der Veranda. An vielen Hütten im Camp hingen Lichterketten oder brannten Kerzen in großen Gläsern. Auch manche Bäume waren auf diese Art geschmückt. Das sah jeden Abend wieder wunderschön aus. Merle träumte vor sich hin, aber im nächsten Moment schreckte sie hoch und war plötzlich wieder hellwach, als sie das Wort Geheimgang hörte.

„Wie jetzt?", fragte Ricardo gerade.

„In der Vergangenheit kam es manchmal vor, dass Kofune, entdeckt wurden, bei denen es Geheimgänge gab", erklärte Dr. Balter.

Geheimgang? Merle sah zu ihren Freunden. Konnte das sein? Die drei Freunde konnten es plötzlich nicht erwarten, dass der Vater von Zoe aufstand und ihnen eine gute Nacht wünschte. Sie hatten etwas zu bereden.

KAPITEL 4

DER GEHEIMGANG

„Bist du sicher, dass das wirklich eine gute Idee ist?", fragte Merle mit leiser Stimme.

„Warum flüsterst du denn?", fragte Ricardo. „Hier kann uns doch keiner hören."

„Klar", sagte Merle. „Weiß der Kuckuck, wer hier nachts noch draußen rumrennt."

„Du meinst, so wie wir?" Zoe kicherte nervös. „Seid ihr jetzt fertig mit dem Geschnatter, können wir jetzt endlich loslegen?"

„Du hast meine Frage nicht beantwortet", beharrte Merle.

„Meine Güte, Merle. Du tust ja so, als wärst du noch nie nachts draußen gewesen."

Das stimmte natürlich. Sie waren schon öfter nachts in der Natur unterwegs gewesen. Aber die nächtlichen Geräusche hier in Japan ließen sie trotzdem immer mal wieder zusammenzucken. Auf der Veranda zu sitzen oder in der Gegend herumzulaufen, war für Merle ein himmelweiter Unterschied, zumal hier draußen auch keine Hütten, Lichterketten und dergleichen mehr zu sehen waren. Ricardo machte sich noch eine ganze Weile über Merle lustig, aber als ein Raubvogel plötzlich seinen traurigen Ruf direkt über ihnen ausstieß, zuckte auch er zusammen.

Nachdem Dr. Balter die Hütte der Freunde verlassen hatte, hatten die drei sich zusammengesetzt und noch mal über Merles Erlebnis in der Grabkammer gesprochen. Sie waren zu dem Schluss gekommen, dass der Stein wirklich gewackelt hatte und es womöglich einen guten Grund dafür geben könnte. Ricardo war dafür gewesen, dies auch direkt zu überprüfen, denn nachts würden sie keinen vom Team dort unten treffen und die Kammer ungestört untersuchen können. Und auch die Mädchen hatten zugeben müssen, dass das nicht die schlechteste Idee war. Also hatten sie die Taschenlampen in Ricardos Rucksack gepackt und sich angezogen. Blue hatte eingerollt auf Merles Bett geschlafen, aber als sie die allgemeine Unruhe bemerkte, war sie aufgesprungen und auffordernd um Zoes Beine gestrichen. Sie wollte mit, das war mal klar. Also hatte Zoe sie in ihren Katzenrucksack gesetzt, und dann war das Team komplett und einsatzfähig gewesen.

Der Weg zum Kofun war ihnen in der Dunkelheit länger vorgekommen als bei Tageslicht. Nun standen sie vor dem Eingang und beratschlagten sich. Der Wind war aufgefrischt und pfiff ihnen heftig um die Ohren. Die Zweige der Bäume rauschten um die Wette. „Also kommt", sagte Zoe. „Wir sollten es nicht länger hinauszögern. Es ist eine gute Idee, und wir lassen uns von der Dunkelheit und der Enge nicht entmutigen. Da muss schon mehr kommen, damit das passiert, oder?"

„In Ordnung", flüsterte Merle.

Ricardo verdrehte deshalb die Augen, aber zum Glück konnte das ja keiner sehen.

„Mann voran", sagte Zoe.

„Ist ja klar, wenn es auch nur etwas abenteuerlicher wird, müssen wir Männer wieder herhalten."

„Also gut", beschwichtigte Zoe leise kichernd, „Junge voran."

Merle prustete los.

Von Ricardo kam nur ein leises Knurren, aber er nahm die Taschenlampe, die Zoe ihm hinhielt, schaltete sie an und tauchte langsam in die Schwärze des Eingangs ein. Die Mädchen folgten ihm zügig. Sie wollten kein Aufsehen erregen und schalteten das elektrische

Licht nicht an. Das war so hell, wer weiß, ob das nicht doch jemand sehen würde. Der flackernde Schein der Taschenlampe tanzte über die Wände und verlor sich in der Tiefe der Anlage.

Nach wenigen Metern hatte Merle ein merkwürdiges Gefühl im Magen. Sie waren nicht allein. Es schien ihr, als würden sie beobachtet werden. Sie legte den Kopf in den Nacken, konnte aber nichts erkennen. Die feinen Härchen auf ihren Armen stellten sich auf. „Irgendetwas bewegt sich da oben an der Decke", flüsterte sie.

„Ja, wahrscheinlich jede Menge Spinnweben, in denen sich der Staub der Jahrhunderte gesammelt hat und die sich im Luftzug hin und her bewegen", erwiderte Ricardo.

„Meinst du?", fragte Merle leise. Sie war nicht sehr überzeugt von seiner Vermutung. Schließlich hatten Spinnweben keine Augen, und so richtig bewegen konnten sie sich ja auch nicht. Ein zarter Luftzug glitt über sie hinweg und schien ihr zu folgen. Das waren definitiv keine Spinnweben! Aber wer oder was war es dann? Merle dachte an die alten Geschichten aus Ägypten und die Flüche, die auf den Grabkammern der Pyramiden gelegen haben sollen. Eine kribbelnde Gänsehaut zog sich über ihren ganzen Körper. Wieso fielen einem solchen Sachen auch immer in den ungünstigsten Momenten ein? Am liebsten wäre sie auf der Stelle umgedreht, aber sie nahm sich zusammen und ging weiter.

Der Boden wurde uneben und die Felswände an den Seiten hatten spitze Ecken und Kanten, die manchmal überraschend in den Raum ragten.

„Das sah doch vorhin ganz anders hier aus", überlegte Zoe.

„Na ja", meinte Ricardo. „Da hatten wir ja auch genug Licht. Da sieht immer alles anders aus."

Damit sie sich nirgendwo den Kopf anstießen, streckten sie die Arme schützend aus. „Wir sollten uns mal Stirnlampen zulegen", schimpfte Ricardo vor sich hin. „Dann hat man jedenfalls die Hände frei."

„Ist notiert", erwiderte Zoe leise.

Merle tastete sich an den Wänden entlang und spürte jede Ritze und jede Unebenheit. Als sich eine dieser Unebenheiten warm und feucht anfühlte und sich unter ihren Fingern bewegte, zuckte sie zusammen und zog angeekelt die Hand zurück. Einen Schrei konnte sie sich gerade noch verkneifen, ein leises Quietschen nicht.

Zoe leuchtete mit ihrer Taschenlampe zu ihr herüber und fragte genervt: „Merle, wieso hast du eigentlich keine Taschenlampe? Sag nicht, die hast du auch wieder irgendwo liegen gelassen."

„Vergiss es Zoe, das wird nichts mehr. Merle ist so, wie sie ist." Ricardo klemmte sich seine Taschenlampe zwischen die Zähne und kramte im Rucksack herum. „Hier, nimm", nuschelte er und hielt Merle eine winzige Taschenlampe unter die Nase. „Die habe ich immer dabei."

Merle nahm sie dankbar und wollte sich gerade bedanken, als sie wieder einen kühlen Windhauch über sich spürte und etwas Haariges sie im Gesicht streifte. Das war zu viel. Sie stieß einen lauten Schreckensschrei aus und blieb stocksteif stehen. Obwohl alles in ihr weglaufen wollte, konnte sie sich einfach nicht bewegen.

„Meine Güte, was ist denn Merle?", fragte Ricardo. „Du hast mich fast zu Tode erschreckt."

„Was glaubst du, wie es mir geht. Meinst du, ich habe aus Vergnügen geschrien?"

„Aaah, was ist das?", schrie nun auch Zoe. „Irgendwas ist mir durchs Gesicht gestrichen."

„Genau wie bei mir", keuchte Merle.

„Was war das?" Ricardo richtete den Strahl seiner Taschenlampe nach oben, wo schlagartig viele Augenpaare aufleuchteten.

„Iiih“, rief Merle. „Das ist ja voll unheimlich.“

„Das sind Fledermäuse, die sind doch nicht unheimlich“, erwiderte Ricardo gelassen.

„Klar sind die unheimlich! Schau doch mal, die sind rabenschwarz und haben total große Flügel.“

In diesem Moment entschlossen sich die Fledermäuse, zu ihrem Abendausflug aufzubrechen, und flatterten zu Hunderten in einem riesigen schwarzen Schwarm über die Köpfe der Freunde hinweg. Ängstlich presste sich Merle an Zoe. „Merle, das sind nur Fledermäuse. Ich an deiner Stelle würde mir deine Angst für den Hausherrn aufsparen.“

„Wer soll das sein?“, fragte Merle ängstlich.

„Dracula“, kicherte Zoe. „Oder sein japanischer Austauschpartner.“

„Schön, wenn zumindest du dich hier amüsierst“, zischte Merle.

„Wieso haben wir die eigentlich nicht schon vorhin entdeckt?“, fragte Zoe.

„Keine Ahnung, wir haben halt einfach nicht nach oben geschaut. Ich mein, die kleinen Blutsauger haben einfach still und friedlich über deinem Kopf gehangen und geschlafen.“ Ricardo gluckste leise vor sich hin. Merle fand das allerdings überhaupt nicht lustig. Blue hingegen war ganz aufgeregt und versuchte angestrengt, aus dem Rucksack zu krabbeln. Ihr war es nämlich vollkommen egal, ob eine Maus Flügel hatte oder nicht. In Blues Augen flatterte da über ihrem Kopf eine ungeahnte Menge Beute.

„Nein Blue, das ist kein lebendiges Futter. Das sind Fledermäuse und wirklich nicht für dich bestimmt. Jetzt bleib mal da drin“, sagte Zoe ungeduldig und stopfte die Katze, die mit den Vorderpfoten wild um sich strampelte und schon halb aus dem Rucksack hing, wieder zurück.

„Kommt jetzt, wir müssen weiter“, meinte Ricardo.

Während sich das schwarze Gewimmel oben an der Decke der Grabanlage langsam lichtete, kamen die Freunde am Eingang der engen Grabkammer an. Sie leuchteten die Kammer mit ihren Taschenlampen aus, konnten aber keine Auffälligkeit bei den Steinen feststellen.

„Los“, forderte Ricardo Merle auf. „Du musst reingehen und überlegen, an welchen Stein du dich angelehnt hattest.“

Das war gut überlegt von Ricardo, gestaltete sich aber schwieriger als gedacht. Die Steine sahen alle gleich aus, und Merle wusste einfach nicht mehr, welcher es gewesen war. Deshalb lehnte sie sich der Reihe nach einfach an alle Steine in der Kammer. Aber nichts passierte.

„Hmm“, überlegte Zoe, „vielleicht hast du dich doch geirrt.“

„Nein, ganz bestimmt nicht“, protestierte Merle. „Dann hast du dich vielleicht nicht nur dagegen gelehnt, sondern gleichzeitig noch etwas anderes gemacht“, meinte Ricardo. „Wir sollten alle Steine noch mal genau ableuchten, ob uns nichts auffällt.“

Zoe war es, die es schließlich entdeckte. „Seht mal, was hier ist. Das sieht doch seltsam aus.“ Sie zeigte auf eine der Wandmalereien. Doch die anderen beiden konnten nichts Auffälliges daran feststellen. „Schaut mal genau hin“, forderte Zoe ungeduldig. „Hier, das ist ein Fuchs, oder?“ Ihre Freunde nickten nur. „Und jetzt guckt mal seine Augen an.“ Als keiner reagierte, fuhr sie fort: „Na, das sieht man doch, die Augen liegen im tiefen Schatten. Das heißt, sie sind tiefer und damit plastisch, also nicht nur gemalt.“ Jetzt verstanden es auch Ricardo und Merle.

„Okay, du hast recht“, flüsterte Merle.

„Du machst mich mit deinem Geflüster wahnsinnig, weißt du das?“, fragte Ricardo.

„Ich mach das doch nicht extra", zischte Merle. Ihrer Stimme konnte man anmerken, dass sie echt sauer war.

„Gut, gut", sagte Ricardo. „Aber was machen wir nun mit dem Fuchs?"

Einer von ihnen musste es tun. Als sie eine Weile dort im Schein ihrer Taschenlampen standen, sagte Zoe: „In Ordnung, ich drücke einfach mal mit den Fingern da rein und wir sehen, was passiert."

Ricardo und Merle nickten nur und ihre Schatten an der Wand nickten mit. Ganz geheuer war Zoe die Sache nicht, aber sie wollte auch nicht unverrichteter Dinge wieder umkehren. Also nahm sie ihren ganzen Mut zusammen und drückte mit Daumen und Zeigefinger ihrer rechten Hand in die Vertiefung der Fuchsaugen. Sie hielten den Atem an, aber es geschah absolut gar nichts.

„Drück fester", forderte Ricardo Zoe auf.

„Ich dachte, das hätte ich. Also gut. Noch mal." Dieses Mal nahm sie ihre ganze Kraft und drückte, so fest sie konnte. Der Stein gab unter Zoes Fingern leicht nach und ein leises Knarren ertönte. Im Schein der Taschenlampen sahen sie, dass der riesige Stein, begleitet von einem hohlen Seufzen zur Seite schwang. Er gab eine Öffnung frei, die dunkler als die Nacht aussah.

„Wow" war das Einzige, was Zoe sagen konnte. Auch ihre Freunde standen mit offenem Mund vor dem Durchlass.

„Unfassbar", staunte Ricardo. „Ich meine, der Mechanismus muss ja schon irre alt sein, aber er funktioniert immer noch tadellos. Das nenne ich mal eine grundsolide Arbeit."

„Also ich nenne es vollkommen verrückt, dass wir das überhaupt gefunden haben", meinte Merle.

„Wie auch immer", sagte Zoe. „Was machen wir nun?"

„Ist doch klar", antwortete Ricardo.

„Genau", meinte auch Merle. „Wir gehen natürlich rein und schauen, was wir finden."

Zoe musste grinsen. Sie waren echt ein mutiges Team. Sie leuchtete mit ihrer Taschenlampe in die Öffnung hinein. „Ein Gang, ein echter Geheimgang. Sehr cool." Vorsichtig ging sie ein paar Schritte weiter.

„Und, wie ist es da, kannst du noch was sehen?", fragte Merle.

„Ja, jede Menge Fledermäuse und … warte mal: Ja, ich glaube, da hinten kommt Dracula höchstpersönlich um die Ecke". Zoes Kichern waberte leise durch den Geheimgang.

„Du bist so was von … Echt, Zoe." Merle war sauer. „Los, geh weiter, ich will auch mal gucken." Als Merle mit der Lampe nach oben leuchtete, stellte sie erleichtert fest, dass Zoe sie nur auf den Arm genommen hat. „Hier sind ja gar keine Fledermäuse."

„Ertappt", lachte Zoe.

Ricardo räusperte sich und fragte: „Ich will hier ja keine Panik verbreiten, aber was machen wir, falls die Tür wieder zufallen sollte?"

Merle sah ihn verständnislos an. „Wie soll das denn passieren?"

Zoe strich sich nachdenklich durch die Haare. „Hm, so unrecht hat er gar nicht", gab sie zu bedenken. „Wer weiß, wie der Mechanismus fürs Zugehen funktioniert. Schließlich wollen wir nicht in den Gängen hier festsitzen."

Merle musste zugeben, dass das wirklich keine sehr schöne Vorstellung war.

„Okay", überlegte Ricardo. „Ich lege meinen Rucksack hier vor die Tür, den brauchen wir ja sowieso nicht. War eh sinnlos, den mitzuschleppen."

„Stimmt", pflichtete Zoe ihm bei. „Die Taschenlampen hätten wir auch problemlos in unsere Jackentaschen stecken können."

Ricardo legte den Rucksack vor die Tür, und Merle sagte: „Ich weiß ehrlich gesagt nicht, ob das eine so gute Idee ist. Was, wenn der Rucksack die Tür nicht am Zufallen hindert?"

„Das wird er schon", beruhigte Zoe sie. Sie drehte sich wieder um und ging langsam vorwärts. Die anderen beiden folgten ihr.

„Spürt ihr das auch?", fragte Ricardo nach einer Weile. „Es geht ein leichter Luftzug. Um den Sauerstoff in der Luft müssen wir uns also schon mal keine Gedanken machen. Das ist super."

Die anderen beiden brummten zustimmend. Sie gingen eine ganze Zeit, und Merle erschien es, als würde der Gang nie mehr enden. Er hörte und hörte nicht auf. Im Schein ihrer Taschenlampen sahen sie, dass sich die Beschaffenheit der Wände langsam veränderte. Bisher waren sie aus glatten und ebenmäßigen Steinen gewesen, ähnlich wie die in der Grabkammer. Aber nun wurden die Steine von rauen Felsen durchsetzt und es wurde auch viel kälter im Gang. Schließlich hörten sie komplett auf und die Freunde waren nur noch von rohen Felswänden umschlossen. Auch auf dem Boden veränderte sich die Oberfläche, und sie mussten schauen, wo sie hintraten, denn nun tauchten immer öfter Vertiefungen und Löcher im Boden auf. Zoe wäre schon zweimal fast gestolpert, wenn Ricardo sie nicht gepackt und festgehalten hätte. Zum Glück war der Gang hoch genug, sodass sie aufrecht gehen konnten. „Leute, das kann doch nicht sein, wir sind schon eine gefühlte Ewigkeit unterwegs. Wir müssen das Gelände des Camps doch schon lange verlassen haben", wunderte sich Merle.

„Um genau zu sein", stellte Ricardo mit einem Blick auf seine Uhr fest, „um genau zu sein, sind wir schon zwanzig Minuten in dem Gang."

„Das ist echt lang", überlegte Zoe. „Und bisher gab es auch noch keine Abzweigung."

„Es ist ganz schön kalt hier unten“, sagte Merle mit zitternder Stimme.

„Ja, das stimmt, beim nächsten Mal sollten wir uns wärmere Klamotten mitnehmen“, meinte Zoe.

„*Beim nächsten Mal?!* Du glaubst doch wohl nicht, dass ich noch mal hier reingehen werde. Nein danke!“ Merle war sichtlich aufgeregt und Zoe strich ihr beruhigend über den Rücken. Aber auch sie musste zugeben, dass die dunklen Steine um sie herum, die den Lichtschein ihrer Taschenlampen aufzusaugen schienen, nicht den gemütlichsten Eindruck machten. Schon zu Beginn hatten sie ihre Handys ausprobiert, bekamen unter der Erde aber alle drei keinen Empfang.

„Ihr wisst, was das heißt, oder?“, hatte Ricardo gefragt.

„Ja“, war die Antwort von Zoe gewesen. „Wir sind hier ganz auf uns gestellt.“ Zoes Worte hatten einen hohlen Klang gehabt und waren förmlich von einem Ende des Ganges zum anderen geflogen. Merle hörte das Wort „allein“ immer wieder. Musste Zoe das denn so betonen?

Bisher war der Gang relativ geradlinig verlaufen, aber plötzlich änderte sich das. „Hey, es geht jetzt ziemlich steil bergauf. Etwas zu steil für meinen Geschmack. Passt auf, wo ihr hintretet, wir können es uns nicht erlauben hinzufallen und den Gang rückwärts runterzurutschen“, warnte Ricardo.

„Sollen wir nicht lieber umkehren?“, fragte Merle ängstlich. Sie hatte einfach keine Lust, sich in dem schwachen Licht der Taschenlampen zu verschätzen und im Gang zu stürzen. Aber dann kamen ihr noch ganz andere Gedanken, denn sie musste an die Beschaffenheit alter Bergwerke denken. „Und was ist, wenn es hier auch richtig tiefe Löcher gibt?“

„Du meinst so richtig tiefe Löcher?“, fragte Ricardo mit einem spöttischen Unterton.

„Du weißt genau, was ich meine“, empörte sich Merle. „Ganz ehrlich, in so ein Loch zu fallen ist ganz sicher überhaupt nicht lustig.“

Aber Zoe und Ricardo gingen nicht mehr darauf ein, sondern liefen stumm weiter. Merle wollte gerade ihre Frage wiederholen, als Zoe sagte: „Das war es, hier geht es nicht weiter.“

Ricardo drängelte sich an ihr vorbei, und im Schein der Taschenlampen tauchte eine Tür vor ihnen auf. „Das ist aber total merkwürdig, das passt doch überhaupt nicht“, meinte er.

Merle wusste erst nicht, was er meinte, aber als sie die Tür sah, verstand sie es auch. Das war keine alte und vom Zahn der Zeit beanspruchte Tür. Nein, sie war aus Edelstahl und nigelnagelneu. „Sie hat keinen Türgriff oder so was, an dem wir testen könnten, ob sie verschlossen ist“, stellte Ricardo mit Bedauern fest.

„Wer baut denn bitte am Ende diesen Ganges so eine Tür ein? Wie hat er die überhaupt hier durchbekommen?“, überlegte Merle.

„Ganz einfach“, antwortete Zoe. „Sie wurde von der anderen Seite aus eingebaut.“

„Aber warum?“, fragte Ricardo.

Ja, das konnten sie alle nicht beantworten, und da sie keine Ahnung hatten, wo der Gang sie hingeführt hatte, mussten sie unverrichteter Dinge wieder umkehren. Der Rückweg ging schneller als gedacht, aber er endete mit einer bösen Überraschung.

„Die Tür ist zu“, rief Zoe.

„Wie jetzt?“, fragte Merle.

„Da-das k-kann doch nicht sein, w-wir haben doch den Rucksack d-davor gelegt“, wunderte sich Ricardo. Er klemmte sich seine Taschenlampe wieder zwischen die Zähne und stemmte sich gegen den riesigen Stein. „Er muss d-doch aufgehen“, nuschelte er. „Kokommt, helft mir mal.“

Aber auch gemeinsam schafften sie es nicht. Der Stein gab nicht nach. Er rührte sich keinen Millimeter. Merle holte tief Luft und wollte gerade sagen, dass sie das doch extra gesagt hatte, als Zoe ihr zuvorkam. „Sag jetzt nicht, du hättest es ja gesagt. Das bringt uns nämlich absolut gar nichts im Moment."

Merle klappte ihren Mund wieder zu und grummelte leise vor sich hin.

„Ab wann, denkst du, wird man nach uns suchen?", fragte Ricardo an Zoe gewandt. „Ich weiß es nicht, aber ich glaube, das wird schon eine ganze Weile dauern."

„Jesus, wir brauchen dich jetzt. Ich bitte dich, hilf uns aus dieser schwierigen Situation ..." Merle betete leise und griff dabei nach den Händen ihrer Freunde. So standen sie kurze Zeit Hand in Hand, und das tröstete alle sehr. Sie waren nicht alleine, Gott war bei ihnen. Nach einer Weile, in denen keiner von ihnen etwas sagte, meinte Ricardo: „Wir sollten zwei der drei Taschenlampen ausschalten, nicht, dass wir hier sonst bald ganz im Dunklen stehen. Das wäre nämlich noch unschöner."

Merle und Zoe nickten wortlos und schalteten ihre Lampen aus.

„Vielleicht sollten wir rufen, um uns bemerkbar zu machen?", schlug Merle schließlich vor.

„Das bringt absolut nichts", meinte Ricardo. „Alle liegen in ihren Betten und schlafen."

Die Anspannung wuchs, und auch Blue fing an, unruhig zu werden. Sie miaute kläglich und rieb immer wieder ihren Kopf an Zoes Hand. Die Freunde überlegten gerade, es noch mal an der Edelstahltür am anderen Ende des Ganges zu probieren, als sie ein leises Geräusch hörten. Sofort fing Ricardo an zu brüllen: „Hallo, wir sind hier eingeschlossen."

Nun fingen auch Zoe und Merle an zu schreien, was das Zeug hielt. Es war ein ohrenbetäubender Lärm, und Blue presste sich vor Schreck in Zoes Arme. Nach einer Weile horchten sie an der Tür, ob sie das Geräusch noch hören konnten. Aber da war nichts mehr. Sie waren alleine.

Merle ließ sich auf den Boden fallen und fing leise an zu weinen. Zoe setzte sich zu ihr und nahm sie in den Arm. Aber bevor sie etwas sagen konnte, ertönte wieder das hohle Seufzen, und die Tür schwang knarrend zur Seite. Im Licht der Taschenlampe tauchte das ziemlich zufrieden grinsende Gesicht von Akito auf.

„Was machst du denn hier?", fragte Zoe ungläubig.

Aber Akito grinste nur noch breiter und sagte: „Wie wär's mit ‚Hallo Akito, schön, dass du uns gerettet hast'?"

Ricardo zwängte sich an Zoe vorbei in die Grabkammer und fragte: „Woher wusstest du, dass wir hier drin sind?"

„Und wieso bist du überhaupt hier? Mitten in der Nacht?", fragte Merle.

Akito grinste noch immer übers ganze Gesicht. Nachdem er in ihrer Anwesenheit sonst immer so finster dreinschaute, fand Ricardo das nun auch irgendwie merkwürdig. Konnte der Typ sich nicht mal entscheiden? Akito sagte leichthin: „Na, ihr seid ja schließlich auch mitten in der Nacht hier, oder? Ich meine, ihr habt diese Grabkammer ja nicht nur für euch gebucht. Und überhaupt seid ihr ziemlich leichtsinnig. Hat euch noch niemand gesagt, dass es völlig bescheuert ist, einen Rucksack ohne großen Inhalt, also ohne Gewicht, zur Absicherung vor eine tonnenschwere Steintür zu legen?"

Zoe wechselte schnell das Thema und fragte: „Also, warum bist du hier?"

Akito erzählte ihnen, dass er beim Abendessen mitbekommen hatte, dass sich unter Merles Händen ein Stein der Grabkammer bewegt haben sollte. Und da er im Camp schon viel von den Gesprächen der Mitarbeiter aufgeschnappt hatte und das ein oder andere Mal auch schon das Wort Geheimgang im Zusammenhang mit den Kofun gefallen war, hatte er eins und eins zusammengezählt. Deshalb wollte er sich das noch mal in Ruhe anschauen und war genau wie die anderen in der Dunkelheit wiedergekommen, um es zu überprüfen.

Ricardo wechselte einen unschlüssigen Blick mit Zoe. Konnten sie Akito trauen? Zoe nickte fast unmerklich, und so erzählten sie Akito, was sie am anderen Ende des Ganges gefunden hatten und dass sie keine Ahnung hatten, wo dieser Gang hinführte.

„Dass der Geheimgang mit so einer ultramodernen Sicherheitstür am anderen Ende abgesichert wurde, muss etwas bedeuten. Zumindest kennen auch andere diesen Geheimgang. Das ist mal sicher", überlegte Akito laut.

„Das stimmt", musste auch Ricardo zugeben.

„Ich hab's", rief Merle. „Was wenn das alles kein Zufall ist, was, wenn der Gang dazu benutzt worden ist, die Haniwas zu stehlen? Ich meine, was bietet sich da mehr an als ein geheimer Gang."

„Schlaues Mädchen", sagte Akito. „Das ist in der Tat eine Möglichkeit."

Merle ärgerte sich sehr über diese herablassende Aussage, aber bevor sie ihn fragen konnte, ob er Mädchen es nicht zutraute, auch schlau zu sein, meinte Zoe: „Ich weiß ja nicht, wie es euch geht, aber vielleicht könnten wir in unserer Hütte weiter darüber sprechen. So gemütlich finde ich es hier nämlich nicht, und ehrlich gesagt habe ich von zufallenden Türen, Geheimgängen und megaengen Grabkammern voller Fledermäuse gerade die Nase voll."

„Gute Idee, richtig gute Idee“, stimmte Merle zu.

Akito schloss die Tür zum Geheimgang, griff in eine dunkle Ecke und holte ein Schwert hervor. Dann drehte er sich um und marschierte ohne ein Wort aus der Grabkammer, so als wäre nichts gewesen.

„Hallo, was hast du denn da?“, rief ihm Ricardo hinterher. „Das sieht ja wie ein echtes Samurai-Schwert aus.“

„Das sieht nicht nur so aus, das ist auch eins.“

Ricardo drehte sich zu Zoe und Merle um und flüsterte: „Also ein bisschen irre ist der ja schon!“

„Ich kann dich hören, Ricardo“, tönte es von vorne.

„Komm, lass uns gehen“, sagte Zoe. „Vielleicht erklärt er dir ja später, wo er das Schwert herhat.“

Aber als sie aus der Grabanlage kamen, war von Akito nichts mehr zu hören und zu sehen. „Wohin ist er denn so plötzlich verschwunden?“, fragte eine sichtlich erstaunte Merle.

„Keine Ahnung“, meinte Ricardo. „Und ganz ehrlich? Es interessiert mich auch nicht wirklich. Der Typ spinnt doch total.“

„Na ja, aber immerhin hat er uns aus einer ziemlich brenzligen Situation befreit“, gab Zoe zu bedenken.

„Pah“, kam es nur aus Ricardos Richtung.

„Kommt, ich möchte zurück“, sagte Merle. Sie kamen unentdeckt wieder an ihrer Hütte an.

Zoe holte als Erstes Blue aus ihrem Rucksack. Dann setzten sie sich in die kleine Küche, tranken Tee und beratschlagten. Blue war trotz der ganzen Aufregung ratzfatz wieder eingeschlafen und ließ sich nicht im Geringsten stören. Sie war im Traum auf der Jagd nach schwarzen Mäusen, die alle ganz hervorragend schmeckten.

Bis spät in die Nacht sprachen die Freunde über ihr Erlebnis in dem Geheimgang. Gemeinsam überlegten sie, wo er wohl hinführen konnte. Aber sie kamen zu keinem zufriedenstellenden Ergebnis. „Wisst ihr, was wir machen?“, fragte Zoe plötzlich. Ricardo und Merle schüttelten den Kopf. Zoe lächelte verzückt. „Wir gründen ein Team zur Aufklärung des Rätsels um den geheimen Gang.“

„Ein Team?“, fragte Merle irritiert.

„Ja!“ Zoes Augen blitzten vor Aufregung.

„Wow, klasse Idee! Und wie sollen wir uns nennen?“ Ricardo strich sich begeistert über die Haare.

Zoe blickte auf ihre Katze, die sich mal wieder am Futternapf zu schaffen machte. „Team Blue!“

„Wie jetzt?“, Ricardos Stimme klang nicht mehr ganz so enthusiastisch.

Aber Zoe war sich ihrer Sache ganz sicher, immerhin war Blue ja auch mit im Geheimgang gewesen. Deshalb nickte sie energisch.

„Also gut, von mir aus.“ Ricardo blickte fragend zu Merle. „Was denkst du?“

„Klingt interessant, warum nicht.“

„Also ist es beschlossen.“ Zoe blickte von einem zum anderen. „Lasst uns die Hand und, äh, Pfote drauf geben.“ Sie schnappte sich die verdutzte Blue, legte ihre Hand auf eine Pfote der Katze und blickte ihre Freunde erwartungsvoll an.

Ricardo brummelte leise, legte dann aber seine Hand auf Zoes.

Merle schloss sich ihm an und legte ihrerseits ihre Hand auf die von Ricardo.

„Einer für alle und alle für einen.“

„Du schaust echt zu viel fern, weißt du das?“

Zoe ließ sich von Ricardos Bemerkung nicht aus ihrer geradezu feierlichen Laune bringen und grinste über beide Backen. Danach überlegten sie noch eine Weile, wie sie dem Geheimnis auf die Spur kommen konnten, bis Merle hinter vorgehaltener Hand herzhaft gähnte. Passend dazu gab Blue, die mittlerweile eingerollt auf Zoes Schoß lag, leise schnarchende Geräusche von sich.

„Siehst du!", meinte Merle. „Sie schnarcht doch."

Zoe verdrehte die Augen und Ricardo grinste nur vor sich hin. „Kommt, wir gehen auch mal schlafen", schlug er vor.

KAPITEL 5

EIN AUSFLUG MIT UNGEAHNTEN FOLGEN

Sie beschlossen, die Existenz des Ganges erst mal für sich zu behalten, jedenfalls solange sie nicht wussten, wohin er führte. Deshalb sprachen sie beim gemeinsamen Frühstück mit Zoes Vater auch über alles Mögliche, nur nicht über ihren nächtlichen Ausflug. Dabei gaben sie sich größte Mühe, nicht ganz so müde auszusehen, wie sie sich eigentlich fühlten. Akito verhielt sich gewohnt mürrisch, und als er auf Merles freundliches „Guten Morgen" mit einem leisen Knurren reagierte, war sie sich auch nicht mehr so sicher, ob ihre Strategie die richtige war. Sollte sie Akito vielleicht doch lieber in Ruhe lassen? Aber immerhin hatte er sie gestern Abend gerettet. Merkwürdig, dass er in keiner Weise beim Frühstück darauf einging. Im Gegenteil, Merle hatte das Gefühl, dass er noch distanzierter war als sonst. Wer sollte aus dem denn schlau werden? Aber als Lela ihr eine Ladung Sushi vor die Nase stellte, waren ihre Gedanken um Akito vergessen.

„Wie kannst du nur schon zum Frühstück Sushi essen?", fragte Ricardo leicht irritiert. „Ich mein, kommt dir das nicht zur Nase wieder raus?"

„Nö", war Merles kurze Antwort.

Lela grinste sie verschwörerisch an und sagte: „Echte Liebhaber können Sushi den ganzen Tag über essen."

In diesem Moment räusperte sich Dr. Balter. „Also, ich muss gleich nach Nara, um Einkäufe zu tätigen und um noch mal bei der Polizei vorbeizufahren. Wenn ihr wollt, könnt ihr mitkommen. Dann sage ich Tom kurz Bescheid, dass ihr heute nicht zur Verfügung steht und den Vormittag freihabt."

Zoe sah hocherfreut aus und prüfte kurz das Styling ihrer Haare. Alles bestens.

„Oh ja", sagte Ricardo mit einem belustigten Blick zu Zoe. „Über Nara habe ich schon was im Internet gelesen. Dort soll es doch diese vielen Rehe geben."

Merle sah ihn wortlos an und fragte sich, woher er sein grenzenloses Wissen nahm. Es schien nichts auf der Welt zu geben, was ihn nicht interessierte.

„Das stimmt im Prinzip", sagte Dr. Balter. „Es sind aber keine Rehe, sondern Sikahirsche. Sie dürfen überall in der Stadt frei herumlaufen. Das ist schon seit Jahrhunderten Tradition."

Das klang wirklich spannend. Die Freunde beeilten sich mit dem Frühstück. Während Ricardo und Merle schon in Dr. Balters mit allerlei Gerätschaften vollgepackten Landrover stiegen, der direkt vor dem Küchenzelt stand, holte Zoe noch schnell Blue.

Die Fahrt dauerte nicht lange und schon bald erreichten sie das Stadtzentrum von Nara. Eine Unterhaltung war allerdings erst möglich gewesen, als Zoe beherzt das Radio leiser gedreht hatte. Manchmal wunderte sie sich, dass ihr Vater nicht schon längst taub war oder zumindest einen gewaltigen Hörschaden hatte.

„Seht mal!" Merle zeigte aufgeregt aus dem Fenster. „Da laufen ja wirklich überall Hirsche herum."

„Die haben ja überall weiße Flecken im Fell. Die sehen ja voll süß aus."

Die Freunde kamen aus dem Staunen nicht heraus. Überall trotteten die samtäugigen Tiere herum oder lagen in Gruppen unter den Bäumen. Es war ein schöner Anblick. Die Tiere schienen auch gar keine Angst vor den Menschen zu haben.

„Sie dürfen nicht gejagt werden, deshalb sind sie so zutraulich und haben keine Scheu vor den Menschen", erklärte Zoes Vater.

„Aber wenn sie nicht gejagt werden dürfen, werden das dann nicht irgendwann zu viele Tiere?", fragte Ricardo.

„Ja, das ist eine gute Frage, aber das passiert erstaunlicherweise nicht. Der Bestand ist seit Jahren mehr oder weniger stabil und beläuft sich auf ungefähr 1.200 Stück."

„Krass." Ricardo drückte sich die Nase am Fenster platt und konnte sich gar nicht sattsehen.

Vor dem Polizeigebäude quetschte Dr. Balter das Auto in eine enge Parklücke. Dann trennten sich ihre Wege. Während Dr. Balter sich auf die Suche nach einem zuständigen Ansprechpartner machte, stiegen die drei Freunde aus und gingen auf Tuchfühlung mit den Hirschen. Blue schaute auch sehr neugierig aus ihrem Rucksack, als sie die vielen Tiere sah. Zoe entdeckte sogar einen Futterautomaten und warf dort ein paar Yen ein. Als sie mit der Futterpackung in der Hand auf ein paar Hirsche zuging und ihnen die offene Packung vor die Nase hielt, war sie ganz schnell umzingelt.

„Meine Güte, die sind aber ganz schön verfressen", staunte Merle. Die Tiere waren so zutraulich, dass sich manche von ihnen sogar streicheln ließen. „Hier ist es ja wie im Tierpark. Voll krass."

Schneller als gedacht hatte Dr. Balter alles erledigt und trat zu ihnen auf die Straße. „Na?", fragte er. „Ist schon super anzuschauen, oder?" Er grinste übers ganze Gesicht, als er sah, wie die Tiere sich um die Freunde drängelten. Alle versuchten energisch, etwas Futter abzubekommen. Als eines seine vorwitzige Nase in den Katzenrucksack steckte, war Blue nicht sehr begeistert und fauchte. Schließlich war sie kein Futter! Zoe kicherte nur und ging ein paar Schritte zurück, damit Blue ihre Ruhe hatte.

Da sie schon mal in Nara waren, schlug Dr. Balter eine kurze Besichtigung vor.

„Wow", staunte Merle. „Schaut euch mal diese vielen Tempel an."

Als sie einen Eisladen fanden, lud Zoes Vater sie spontan auf ein Eis ein. „Hmm!", seufzte Zoe genießerisch. „So etwas bekommen wir im Camp nicht."

Ricardo blickte sie über seinen Eisbecher hinweg an und sagte: „Dann genießen wir das mal besser doppelt."

Merle kicherte. „Ach, ich finde Lelas Sushi total lecker."

„Ja", bestätigte Ricardo. „Du bist ja auch nicht ganz normal."

Merle ließ sich davon gar nicht aus der Ruhe bringen, sondern lachte nur noch mehr und verschluckte sich dabei fast an ihrem Erdbeereis. Was, wie sie zugeben musste, wirklich sehr lecker war. „Wir sind schon eine lustige Truppe", stellte sie fest. „Ich mag Sushi, du nicht. Ich bin mit Jesus befreundet, und Zoe glaubt an das Göttliche in ihrem Pulli und so was und bedankt sich ständig und immer bei allem. Zoe braucht Action, ich mach lieber langsam und brauch manchmal länger zum Nachdenken, und du, Ricardo, möchtest am liebsten alles wissen und bist neugierig auf die Welt."

Ricardo überlegte eine Weile, dann sagte er: „Das ist zwar sehr verkürzt dargestellt, aber du hast recht, wir sind eine lustige Truppe ..."

Bevor er weitersprechen konnte, ergänzte Zoe seinen Satz: „Wir sind lustig, weltoffen, wissbegierig, anders, gläubig und einfach nur wir."

Dr. Balter hörte ihnen belustigt zu und meinte: „Also alles bestens." Zufrieden löffelten alle ihr Eis, nur Blue schaute etwas säuerlich aus ihrem Rucksack. Sie hatte nämlich ein paar Insekten am Boden krabbeln sehen und mit aller Macht versucht, sich aus dem Rucksack zu winden. Aber Zoe war unerbittlich. „Nein, du bleibst lieber hier drin. Nicht dass du mir noch unter die Hufe der Hirsche gerätst."

Kurz darauf saßen sie wieder im Auto und waren auf dem Rückweg ins Camp. Obwohl sie mittlerweile schon an den Anblick gewöhnt waren, blickten die Freunde immer noch staunend auf die vielen Reisfelder in der Landschaft. „Seht mal", meinte Merle. „Oft sind die Felder auch terrassenförmig aufgebaut. Das sieht echt schön aus."

Zoe nickte versonnen. Für sie sahen die vielen Kirschbäume schön aus. Schade nur, dass sie nicht zur Blütezeit hier waren. Sie stellte sich vor, wie das ganze Land von einer rosafarbenen Wolke überzogen war. Oder eher von Zuckerguss? Auf jeden Fall musste es hier zur Kirschblüte wunderschön sein. Kurz vor der Einfahrt zum Camp entdeckte Ricardo die Abzweigung zum Kloster, das sich nicht weit entfernt an einen Hang schmiegte. Dr. Balter sah Ricardos interessierten Blick im Rückspiegel und erklärte: „Es leben nicht mehr sehr viele Mönche dort, aber sie sollen sehr gastfreundlich sein und sich über Besuch immer freuen. Ihr könnt heute Nachmittag nach der Arbeit hingehen, wenn ihr möchtet. Es ist nicht so weit, wie es aussieht. Vom Camp aus führt ein uralter Eselspfad hin." Dr. Balter fischte einige Geldscheine aus dem Fach im Armaturenbrett. „Hier, die Mönche leben zum Teil auch von den Führungen durchs Kloster." Mit diesen Worten drückte er ihnen das japanische Geld in die Hand. „Eselspfad" klang spannend, und den Besuch im Kloster wollten sich die Freunde natürlich nicht entgehen lassen. Zoe steckte das Geld ein und lächelte zufrieden. Sie hatte zwar gehofft, dass sie den ganzen Tag freihaben würden, aber die Aussicht auf den Besuch tröstete sie über den Gedanken an die Nachmittagsschicht hinweg.

Nachdem Zoe Blue in der Hütte abgesetzt und versorgt hatte, gingen die Freunde zum Küchenzelt. Unfassbar, aber es war schon wieder Essenszeit.

„Hmm", meinte Merle schon einige Meter vor dem Zelt. Sie hielt ihre Nase schnuppernd in die Luft. „Wie gut das wieder riecht. Also Lela ist schon irgendwie eine Zauberfee. Was sie alles so kochen kann. Unfassbar."

Zoe grinste Ricardo an. Dass Merle Gefallen an Lelas Kochkünsten gefunden hatte, war ihnen schon lange aufgefallen.

„Na, ob Akito wieder seine Distanztour fährt?", fragte Ricardo leise, als sie ihre Schuhe vor dem Zelt abstellten.

„Keine Ahnung", meinte Zoe. Mit einem Blick stellten sie fest, dass es wieder ein tolles Buffet gab, und auch Zoe und Ricardo waren von der Auswahl begeistert.

Akito füllte gerade das Sushi auf, deshalb nutzte Merle die Chance und sprach ihn an: „Deine Mutter ist wirklich eine tolle Köchin."

Aber Akito tat so, als hätte er sie nicht verstanden und lief mit der leeren Sushi-Platte zurück. So langsam ging er sogar Merle mit seinem Verhalten auf die Nerven. Ohne weitere Worte setzte sie sich mit ihrem gefüllten Teller auf ihren Platz.

„Na", neckte Ricardo sie. „Hast du dir wieder eine Abfuhr eingefangen?"

Zoe blickte von ihrem Essen auf. „Warum lässt du den nicht einfach in Ruhe? Du siehst doch, dass er nichts mit uns zu tun haben möchte."

Merle schob sich schweigend ein großes Stück Sushi in den Mund. Irgendetwas war mit Akito, aber sie wusste nicht was. Er hatte ihnen in der letzten Nacht aus der Patsche geholfen, da konnte er doch kein schlechter Mensch sein, oder?

„*Hi guys*", begrüßte Tom sie enthusiastisch, als sie später wieder pünktlich bei der Ausgrabung erschienen.

„Das macht der mit Absicht", grummelte Ricardo.

„Klar", bestätigte Zoe. „Hast du nicht seinen Gesichtsausdruck gesehen? Er freut sich, dass er uns wieder herumkommandieren kann."

Merle stocherte lustlos mit ihrer Schaufel in der Erde herum. „Ganz ehrlich? Seitdem wir seit Tagen nichts mehr gefunden haben und ergebnislos hier in der Erde herumgraben, macht die Arbeit mir keinen Spaß mehr."

„Ach", erwiderte Ricardo, „vorher hat dir die Arbeit also Spaß gemacht?"

Merle schnaubte nur leise, ließ sich aber zu keiner Antwort mehr herab.

Als das Handy von Ricardo klingelte und damit anzeigte, dass ihre Arbeitszeit rum war, waren alle drei erleichtert. Müde schlurften sie zu ihrer Hütte. Unterwegs trafen sie auf Mieke, die sie neugierig ansprach: „Was ist denn mit euch los? Ihr seht müde aus, habt ihr letzte Nacht nicht gut geschlafen?"

„Doch, doch", antwortete Zoe, „alles bestens."

Mieke sah sie nur nachdenklich an und ging dann weiter.

„Ich wusste gar nicht, dass wir hier unter Beobachtung stehen", wunderte sich Merle.

„Sie mag uns halt", antwortete Zoe. Nach einer ausführlichen Dusche waren sie dann wieder einigermaßen fit und bereit für den Besuch im Kloster. Blue, die den Nachmittag bisher in der Hütte auf Zoes Bett verbracht und tief und fest geschlafen hatte, flitzte ihr nun ständig um die Füße herum, sprang aufs Bett, um dann wieder ganz aufgeregt vor dem Katzenrucksack stehen zu bleiben.

„Dieses Katzenvieh nervt manchmal echt", beschwerte sich Ricardo, als Blue entrüstet fauchte, weil er ihr auf den Schwanz getreten war.

Schließlich steckte Zoe die Katze in den Rucksack und sie konnten losziehen. Schnell fanden sie den von Dr. Balter beschriebenen Eselspfad und folgten ihm gut gelaunt. Schon nach kurzer Zeit konnten sie das Kloster am Horizont sehen. Der Pfad fiel nun recht steil in eine kleine Senke ab, um dann wieder anzusteigen. Es war ein warmer Tag, und nur wenige Wolken verdeckten die Sonne.

„Schaut mal!", sagte Zoe. „Da hängen überall so bunte Fahnen."

„Das sind Gebetswimpel", wusste Ricardo.

„Was wären wir nur ohne Mister Oberschlau", amüsierte sich Zoe.

„Wir würden uns nicht zurechtfinden", kicherte Merle.

Aber Ricardo war von dem Anblick des Klosters viel zu abgelenkt, um zu reagieren. Er betrachtete die Anlage so fasziniert, dass er nicht auf den unebenen Pfad achtete und mehr als einmal unsanft von Zoe wieder auf den Weg gezogen wurde.

Als sie vor dem Tor des alten und schon leicht baufällig wirkenden Klosters standen, sahen sie sich erst mal ratlos um. Doch dann entdeckte Merle eine altertümliche Klingel und zog an der verrosteten Kette unter der Glocke. Sie warteten eine ganze Weile. Merle wollte gerade noch einmal klingeln, als sich das Tor leise quietschend öffnete und ein kahl rasierter Mönch in orangefarbener Robe vor ihnen stand und sie breit anlächelte. Mit seinem fast zahnlosen Mund sah das schon etwas Furcht einflößend aus. Zoe kramte ihre ganzen Englischkenntnisse zusammen und holte das Geld aus dem Rucksack. Unfassbar, aber das Lächeln des Mönches wurde noch breiter. Der Mönch hatte Zoe ganz offensichtlich nicht verstanden, denn er redete auf Japanisch auf sie ein, aber zumindest winkte er sie durch das Tor. Als er dieses hinter ihnen wieder schloss und einen Riegel vor die Tür legte, fühlte sich das irgendwie nicht so vertrauenserweckend an. Aber zum Glück kam in diesem Moment ein junger Mönch schwungvoll eine Außentreppe heruntergelaufen, und Zoe fragte sich, wie er es schaffte, bei diesem Tempo nicht über seine Kutte zu stolpern. Bei ihnen angekommen erkundigte er sich in fließendem Englisch, wie er ihnen helfen könne. Der alte Mönch verschwand währenddessen lautlos in den Tiefen des alten Gemäuers.

„Wir möchten dem Kloster gerne einen Besuch abstatten, wir arbeiten drüben im Ausgrabungscamp und interessieren uns sehr für den Buddhismus“, erklärte Ricardo. Zoe sah ihn ganz erstaunt an. So kurz und knackig hätte sie das gar nicht formulieren können. Also auch auf Deutsch nicht.

„Mein Name ist Zuko und ich freue mich, euch kennenzulernen.“ Der Mönch neigte leicht seinen Kopf vor ihnen. Die Freunde stellten sich ebenfalls mit ihren Namen vor. Als Zuko Blue sah, war er zuerst äußerst irritiert, fand es dann aber anscheinend sehr lustig, eine Katze in einem Rucksack zu sehen. „Kommt, ich führe euch herum. Wir haben nicht sehr oft Gäste, die sich für uns interessieren, und schon gar nicht welche aus dem Ausland. Ihr seid Christen, oder?“

„Ja, das sind wir“, bestätigte Merle erfreut.

„Ich habe jetzt eine Stunde frei und kann euch alles zeigen und euch auch eure Fragen beantworten.“ Das fanden die Freunde super, und sie ließen sich die Gelegenheit nicht entgehen und fragten Zuko Löcher in den Bauch.

„An was glaubt ihr besonders?“, fragte Merle.

„Wir glauben an den Augenblick, wir versuchen, stets im Augenblick zu leben, das ist unser Ziel. Im Buddhismus hören wir auf das, was Buddha gesagt hat, im Christentum hört ihr auf das, was Jesus gesagt hat."

Im Augenblick leben, das klang für die Freunde erst mal nicht so schwierig. Wann denn auch sonst? Aber Zuko erklärte ihnen, dass damit gemeint sei, den Augenblick voll und ganz zu spüren. „Nicht im Gestern verhaftet sein, nicht an das Morgen denken, sondern einzig und allein im Jetzt leben und dankbar sein."

„Das macht Zoe auch", überlegte Merle laut. „Sie bedankt sich ständig bei Gegenständen, Menschen und Tieren. Also, wenn etwas klappt oder sie etwas zügig wiederfindet. In ihren Augen ist das Göttliche überall und auch in allem."

Zoe schubste ihre Freundin unsanft an. „Was soll das denn jetzt?", zischte sie leise.

Aber Zuko grinste. „Dann ist deine Freundin aber sehr nah am Schintoismus." Die drei Freunde schauten etwas entgeistert, während Zuko sie nachdenklich betrachtete.

Zoe fragte irritiert: „Wie meinst du das?"

„Na ja", erklärte Zuko. „Der Schintoismus ist die ursprüngliche Religion in Japan, der Buddhismus kam erst später zu uns. Im Schinto gibt es viele Götter, die alle unterschiedliche Aufgaben haben. Sie heißen Kamis. Alles kann zu einem Kami werden, egal ob Mensch, Tier, Gegenstände oder die Natur. Berge, Seen Flüsse, sie alle haben eine Seele. Im Schintoismus glauben die Leute an das Göttliche überall um sie herum. Deswegen ist es für sie auch normal, sich bei allem zu bedanken."

Merle hörte ihm atemlos zu. „Und was ist mit dem Aufräumen?", fragte sie neugierig.

„Oh, du spielst bestimmt auf Marie Kondo an."

Merle nickte. Viel wusste sie nicht vom Schintoismus, sie hatte nur im Zusammenhang mit dieser zierlichen Japanerin davon gehört.

„Ja, die Reinigung und nichts anderes ist ja das Aufräumen letztendlich, gehört auch zum Schinto. Man strebt Reinheit in allen Dingen an, weil ja alles göttlich ist und man dem dann natürlich mit Respekt begegnen soll."

Zoe starrte Zuko mit großen Augen an, sie hatte nicht gewusst, dass ihre Verhaltensweise anderswo völlig normal sein konnte. Das musste sie erst mal sacken lassen.

„Viele Götter", murmelte Ricardo. „Das gibt es ja sicher für jede Lebenslage eine passende Gottheit. Echt praktisch."

Zuko lächelte milde.

Merle war da ganz anderer Meinung. „Also für mich wäre der Schintoismus nichts. Wenn ich mir vorstelle, dass ich in der Kirche nicht mehr zu Gott und seinem Sohn beten würde, sondern zu vielen Göttern …" Sie schüttelte leicht den Kopf und meinte: „Gott hat doch die Welt gemacht. Für mich ist das schon ein Unterschied."

„Ich fühle mich auch einfach im Christentum heimisch", bestätigte Ricardo.

Zoe sagte immer noch nichts. Zu viele Gedanken kreisten in ihrem Kopf.

Zuko sah die Freunde belustigt an. „Ihr seid mir ja drei. Du", er schaute Merle an, „bist überzeugte Christin. Du", er wandte sich Zoe zu, „bist dem Schinto verbunden, ohne dass du das bisher wusstest. Und du", jetzt grinste er Ricardo an, „bist auch im Christentum zu Hause, sagst du, scheinst mir zusätzlich aber die Dinge von außen zu betrachten, wie ein Forscher."

Als den Freunden darauf keine Antwort einfiel, lachte Zuko laut los. „Kommt, wir lassen das Thema Religion mal lieber. Ich zeige euch jetzt das Kloster." Er streichelte Blue über den Kopf und drehte sich um.

Die Freunde folgten ihm wortlos. Als das Handy von Zoe mit einem Klingelton eine SMS ankündigte, war sie so abgelenkt, dass sie es nicht weiter beachtete.

Zuko zeigte ihnen als Erstes den riesigen Meditationsraum. Die überlebensgroße Figur des sitzenden Buddhas war sehr eindrucksvoll. Der Raum wirkte mit seinen vielen Kerzen, Wimpeln und dem federnden Bodenbelag sehr gemütlich und einladend.

„Was sind das für Matten auf dem Boden?", fragte Merle neugierig.

„Das sind Tatamis, der traditionelle Fußbodenbelag in Japan", antwortete Ricardo automatisch.

„Genau", stimmte Zuko zu. „Teile einer japanischen Wohnung wurden traditionell mit diesen Grasmatten ausgelegt. Auch heute noch sind sie in den Häusern und Wohnungen zu finden."

Die Freunde fanden das Kloster sehr spannend, und immer wenn sie einen Mönch trafen, war dieser sehr liebenswürdig und lächelte sie an.

„Das mit dem Lächeln ist schon krass, oder?", meinte Ricardo so leise, dass Zuko sie nicht hören konnte.

„Lass mal, besser, als wenn sie grimmig schauen würden", flüsterte Merle zurück.

Zuko war stehen geblieben. „So, und nun zeige ich euch den Gewölbekeller. Er zieht sich über mehrere Etagen unter dem Kloster entlang."

Ricardo, der es kaum erwarten konnte, grinste über das ganze Gesicht.

„Am Anfang hatte ich Probleme, mich da unten zurechtzufinden, aber mittlerweile geht es ganz gut. Mit der Zeit kommt man immer besser klar." Zuko hatten ihnen erzählt, dass er Novize hier im Kloster war, also sozusagen ein Lehrling, und das auch erst seit wenigen Monaten. Umso schöner, dass er sich schon so gut überall im Kloster auskannte und ihnen alles zeigen konnte und vor allem auch durfte. Sie mussten über eine alte und nicht sehr vertrauenserweckende Holztreppe in die Tiefe steigen.

„Werden die eigentlich regelmäßig überprüft?", fragte Merle.

„Ja sicher, vor jeder Benutzung der Treppen wackeln wir am Geländer und testen auch die erste Stufe, um zu überprüfen, ob sie noch stabil genug sind", erklärte Zuko.

„Na prima, das klingt ja wirklich sehr beruhigend", murmelte Zoe.

Aber mutig stieg sie hinter Zuko die Treppe hinunter. Bei jedem Schritt beschwerten sich die alten Holzstufen mit einem lauten Knarren. Wer wusste schon, wie alt diese Treppen waren. Vielleicht genauso alt wie das Kloster? Konnte das überhaupt sein, Holz war doch überhaupt nicht so haltbar wie Stein? Diese Fragen gingen Merle durch den Kopf, als sie als Letzte hinabstieg.

„Ganz schön duster hier unten", bemerkte Zoe.

„Ja, aber warte mal ab, bis wir die unterste Etage erreicht haben."

Die Freunde schauten einander im trüben Licht einer Glühbirne nachdenklich an. Auf was hatten sie sich da bloß eingelassen? Während Zuko ihnen munter von dem Nutzen der Keller berichtete, durchstreiften sie die dunklen und schlecht beleuchteten Räume und stießen dabei immer wieder auf die nächste Treppe, die weiter in die Tiefe führte. Der ganze Keller schien ihnen wie ein Labyrinth angelegt zu sein. Doch Zuko erklärte ihnen, dass die Kellerräume im Laufe der Jahrhunderte ziellos in den Untergrund gegraben worden waren. Da die Erde manchmal hart und undurchdringlich und mal weich und nachgiebig war, war er ohne Plan und lediglich nach den Möglichkeiten der Umgebung angelegt worden. „Die einzelnen Räume dienen als Lager für Lebensmittel und als Versteck für schwierige Zeiten."

Je tiefer sie stiegen, umso schlechter waren die Treppen und umso spärlicher war die Beleuchtung. Die Luft war feucht und roch abgestanden. Außerdem wurde es empfindlich kalt. Ein flaues Gefühl machte sich in Merles Magen breit. Mit matter Stimme fragte sie: „Gibt es hier eigentlich auch Fledermäuse?"

„Aber sicher. Im untersten Keller gibt es ein richtiges Gewölbe oder eher schon eine richtige Halle. Dort gibt es keinen Strom, und wir gehen fast nie dorthin. Deshalb fühlen sich die Fledermäuse da sehr wohl. Es gibt irgendwo da unten auch einen Ausgang, den sie jeden Abend und Morgen fleißig zu nutzen scheinen." Merle schüttelte sich angewidert und hielt eine Hand auf ihren Magen, doch Zuko bekam Merles Unbehagen gar nicht mit. „Ich war erst einmal in diesem unterirdischen Felsendom, und ich muss sagen, dass es sehr unheimlich war. Ich konnte im Schein meiner Lampe zwar nicht sehr viel sehen, aber es schienen Tausende Fledermäuse gewesen zu sein, die dort an der Felsendecke hingen und schliefen."

„Igitt", stieß Merle nun hervor. „Dann müssen wir da ja jetzt auch nicht hingehen, oder?"

„Nein, natürlich nicht", beruhigte Zuko sie. Nach einer gefühlten Ewigkeit sagte er: „So, das hier war die letzte Ebene, hier ist Schluss." In der Ecke glaubte Ricardo noch eine Treppe zu sehen, und als Zuko seinen Blick sah, beeilte er sich zu sagen: „Da geht es zu dem Felsengewölbe mit den Fledermäusen."

„Aber so ein Felsendom ist doch sicher total interessant", meinte Ricardo.

„Ja, aber da wollten wir ja wegen der Fledermäuse nicht hin", sagte Zuko schnell.

„Nein, eher nicht", stimmte Merle ihm zu. In diesem Moment gab die Glühbirne über ihnen ihren Geist auf. „Oh, Mist, habt ihr eure Handys dabei?", fragte Zuko.

„Klar, du nicht?", fragte Ricardo.

„Nein, wir Mönche haben keine Handys. Also wir dürfen keine haben, damit wir uns auf die Meditation und auf uns konzentrieren können. Eine Ablenkung ist nicht erwünscht."

Das ergab zwar Sinn, aber Ricardo wunderte sich ein bisschen, warum Zuko zu solch einer Kellerführung keine Taschenlampe mitgenommen hatte. Trotzdem holte er, ohne weiter nachzufragen, sein Handy heraus und stellte die Taschenlampenfunktion an. Aber der Keller war so groß, dass sie immer noch fast nichts sehen konnten. Deshalb holte auch Zoe ihr Handy raus.

Merle suchte ihre Taschen ab und seufzte: „Mist, ich habe mein Handy vergessen."

„Na, es wird auch mit zwei Geräten gehen", meinte Zuko.

Blue zappelte schon die ganze Zeit in ihrem Rucksack herum, aber Zoe wollte sie hier unten nicht freilassen.

„Nee, meine Süße, du bleibst mal besser hier." Als Zoe auf ihr Handydisplay blickte, sagte sie: „Oh, da ist eine SMS von meinem Vater." Schnell tippte sie darauf und las sie.

„Ist es wichtig?", fragte Ricardo, als Zoe nichts mehr sagte.

„Aber hallo. Das glaubt ihr mir jetzt nicht." Dann stieß sie einen kleinen Jubelschrei aus und rief: „Yes! Sie haben den Eingang der neuen Grabanlage gefunden und konnten ihn schon fast komplett freilegen. Jedenfalls so weit, dass sie heute noch hineingehen können. Sie denken, dass sie vielleicht morgen schon bis zur Grabkammer vorstoßen, wenn alles klappt."

„Wahnsinn!", sagte auch Merle. „Das ist toll! Und wir können morgen dabei sein. Wie cool ist das denn?"

„Äh Leute, Zuko ist weg!", ertönte Ricardos Stimme in diesem Moment.

„Wie, weg? Wo ist er denn hin?", fragte Merle.

„Keine Ahnung."

Sie riefen nach dem Novizen, erhielten aber keine Antwort. „Es ist doch total dunkel hier unten, wo soll er denn ohne das Licht unserer Handys hingegangen sein und warum?"

Die Freunde konnten sich keinen Reim daraus machen.

„Ich will ja nicht nerven, aber mein Akku hat nur noch zehn Prozent Leistung, und die Taschenlampenfunktion zieht ziemlich viel Energie", stellte Ricardo fest.

„Okay, dann sollten wir nur mein Handy benutzen, deins halten wir als Reserve. Es dauert nämlich ganz schön lange, bis wir wieder oben sind."

Ricardo war damit einverstanden und schaltete sein Handy vorerst wieder aus. Da sie nicht sicher waren, aus welcher Richtung sie gekommen waren, beschlossen sie, nach Gefühl vorzugehen. Nachdem sie zehn Minuten unterwegs waren, ohne die Treppe nach oben gefunden zu haben, beschlossen sie, für einen kurzen Moment beide Handys zu benutzen, damit sie eine bessere Sicht hatten.

„Hier sieht es aber ganz anders aus als vorhin", meinte Ricardo.
„Also hier waren wir definitiv noch nicht", stellte auch Merle fest.

„Wenn mich nicht alles täuscht, muss es hier irgendwo runter zu diesem Felsenkeller gehen, den Zuko uns nicht zeigen wollte."

„Ach", meinte Zoe. „Dann ist dir sein komisches Verhalten auch aufgefallen?"

„Ja, klar", antwortete Ricardo. „Und wenn ich diesen Raum hier mit seinen glatten Wänden so anschaue, kam das sicher daher. Zuko wollte nicht, dass wir diesen Raum hier sehen. Und ganz sicher wollte er auch nicht, dass wir in diesen Teil hier kommen. Irgendwas stimmt hier nicht."

„Aber er kann uns doch nicht einfach in diesem Kellergewölbe alleine lassen. Er muss doch wissen, dass wir hier nur sehr schwer wieder nach oben finden werden", wunderte sich Merle.

„Ich habe vorhin eine Treppe nach unten gesehen, die muss hier irgendwo sein", überlegte Ricardo. Und tatsächlich, nach kurzer Zeit hatten sie diese auch gefunden. „Ach nee, sieh mal einer an. Es ist keine klapprige Treppe, sondern eine aus Metall. Sieht ziemlich stabil aus."

„Das gibt es ja nicht", meinte Merle.

„Kommt, wir sehen mal nach, wie es da unten wirklich aussieht", schlug Ricardo vor.

„Äh, du weißt schon, dass da unten viele Fledermäuse unterwegs sind, oder?", gab Merle zu bedenken.

„Jetzt stell dich nicht so an, die Fledermäuse gehen da unten ja nicht spazieren, sondern hängen an der Decke rum oder meinetwegen fliegen sie auch. Du hast das gestern überlebt, also wirst du das heute auch überleben." Mit diesen Worten stieg Ricardo die Treppe hinunter.

„Sehr witzig, wirklich sehr witzig", rief ihm Merle hinterher, aber bevor sie noch etwas sagen konnte, tönte Ricardo von unten: „Also hier unten sehe ich zwar ein paar Fledermäuse an der Decke, aber echt nicht so viele, wie Zuko meinte. Dafür gibt es etwas anderes."

Neugierig geworden, stiegen nun auch Zoe und Merle hinunter. Merle nahm sich zusammen und bemühte sich krampfhaft, nicht nach oben zu schauen.

„Mist, mein Akku ist platt, das wars", murmelte Ricardo.

„Du wolltest es doch ausschalten", schimpfte Merle. Aber auch mit dem Licht von Zoes Handy konnten sie sehen, was Ricardo meinte. „Eine Tür!"

„Ja, aber nicht nur irgendeine Tür", ergänzte Ricardo.

„Stimmt, es ist eine Edelstahltür wie in unserem Geheimgang", stellte Zoe nachdenklich fest.

„Na?", fragte Ricardo, „klingelt da was bei euch?"

Tatsächlich, es war eine Edelstahltür die mit zwei großen Schlössern gesichert war.

„Ob dahinter wohl wirklich unser Gang ist?", fragte Merle.

„Jede Wette", meinte Ricardo.

Aber Merle dachte noch ein paar Schritte weiter. „Wisst ihr eigentlich, was das bedeutet?", fragte sie. Als ihre Freunde nicht sofort antworteten, fuhr sie fort: „Es gibt eine Verbindung vom Camp zu diesem Kloster. Das heißt, über diesen Gang wurden die Haniwas gestohlen. Da bin ich mir ganz sicher."

„Ja, g-genau. U-und über diesen Gang lässt sich auch n-noch mehr stehlen." Ricardo fuhr sich aufgeregt mit der Hand durchs Haar. „Zum B-beispiel die Grabbeigaben aus d-dem neuen Kofun."

„Aber es kann auch sein, dass wir uns das alles nur zusammenspinnen, das ist euch doch klar, oder?", gab Zoe skeptisch zu bedenken.

„Nee, das ist mir nicht klar", sagte Merle voller Überzeugung. „Mir ist klar, dass hinter dieser schnieken und nigelnagelneuen Tür unser Geheimgang liegt."

Zoe leuchtete die Umgebung ab und fand noch etwas ganz Erstaunliches: „Hier auf dem Boden sind Schleifspuren und frische Abdrücke im Sand."

Mit einem Satz war Merle bei ihr. „Ja, stimmt", stellte sie erstaunt fest. „Es sieht so aus, als wenn jemand dort etwas sehr Schweres abgestellt hätte."

„Und was könnte uns da ganz spontan einfallen?", fragte Ricardo.

„Die Haniwas", antworteten Zoe und Merle gleichzeitig.

Blue wurde immer unruhiger und zappelte mittlerweile in ihrem Rucksack von einer Seite auf die andere. „Lange kann ich Blue nicht mehr im Rucksack lassen, sie dreht echt durch." Mit einer Hand versuchte Zoe ihre Katze zu beruhigen, während sie mit der anderen das Handy hielt und die Umgebung ableuchtete.

„Was machen wir denn jetzt?", fragte Merle. „Wir müssen doch jemandem Bescheid sagen. Ich meine, wir müssen deinen Vater informieren."

Zoe nickte. „Ja, das müssen wir, und er wird uns sicher auch glauben, aber er kann ja schlecht ins Kloster marschieren und nachschauen. Soll er den Mönchen einfach sagen, dass hier Diebesgut lagert?" Blue fing an, jämmerlich zu maunzen, und Zoe kraulte sie abwesend unter dem Kinn. Dann überlegte sie weiter: „Zumal hier ja auch nichts mehr zu finden ist. Die Diebe werden ja wohl nicht so dumm sein und ihr Diebesgut im Gang oder sonst wo hier offen rumstehen lassen."

„Nee, da steht ganz sicher nichts mehr herum", meinte auch Ricardo. „Leute, ich will euch ja nicht hetzen, aber der Akku hält nicht ewig. Wenn wir nicht bald aus diesem Keller rauskommen, stehen wir hier im Dunklen."

„Hey, du wolltest doch unbedingt hier runter …", versetzte Merle. „Aber du hast ja recht. Und immerhin wissen wir jetzt mehr."

Sie wollten gerade die Treppe nach oben nehmen, als Blue anfing, in ihrem Rucksack leise zu grummeln. Es klang sogar eher wie ein Knurren.

„Meine Güte, was hat sie denn jetzt?", fragte Merle. „Ich wusste gar nicht, dass Blue solche Töne von sich geben kann."

„Voll krass", staunte auch Ricardo. „Psst", zischte er plötzlich. „Ich höre etwas."

Die drei Freunde hielten die Luft an, und sogar Blue gab für einen kurzen Moment Ruhe. Dann hörten es auch Merle und Zoe. „Da kommt jemand!", flüsterte Ricardo. „W-wir müssen hier weg, e-es kommt sicher gar nicht g-gut rüber, wenn wir hier u-unten entdeckt werden."

„Aber wohin sollen wir denn? Es gibt doch nur den Weg über die Treppen nach oben", überlegte Merle angestrengt.

Das trappelnde Geräusch rascher Schritte war immer deutlicher zu hören. Auch Stimmen waberten jetzt durch die Dunkelheit. Sie konnten zwar nicht ausmachen, in welcher Sprache da gesprochen wurde, aber das war auch egal. Wut hört sich in jeder Sprache gleich an. Und die Männer, die sich ihnen näherten, waren richtig wütend. Das war mal klar. Es klang nach grimmigen Männern und nicht nach sanftmütigen Mönchen. Blue hatte sich unterdessen aus ihrem Rucksack herausgearbeitet und sprang mit einem großen Satz auf den Boden. „Nein", schrie Zoe. Sie wollte ihre Katze auf keinen Fall hier im Kellergewölbe verlieren! Ricardo und Merle zuckten zusammen, und auch die Männer hatten Zoes Schrei natürlich gehört. Sie klangen jetzt noch aufgeregter und kamen die Treppe heruntergepoltert. Einer der Männer fluchte laut, als er anscheinend stolperte und einige Stufen hinabrutschte.

„Handy aus", befahl Ricardo.

Zoe konnte im letzten Augenblick noch Blue sehen, die an das andere Ende des Gewölbes rannte. „Da vorne läuft Blue, wir müssen ihr nach", flüsterte sie ihren Freunden zu. „Nach oben können wir sowieso nicht. Zuko hat doch etwas von einem Ausgang für die Fledermäuse gefaselt."

„Falls es dir entgangen ist, wir sind geringfügig größer, als eine Fledermaus", zischte Ricardo.

„Bringt alles nichts, wir haben keine Wahl mehr" stellte Zoe fest. „Kommt, wir müssen uns an die Hand nehmen, damit wir uns in der Dunkelheit nicht verlieren."

Unglaublich, wie lang sich Sekunden hinziehen konnten. Bis die Männer die letzten Stufen hinabgestiegen waren, liefen die Freunde bereits Hand in Hand den Keller entlang. „Wohin laufen wir eigentlich?“, schnaufte Merle leise. Sie hatte für Sport nie viel übriggehabt, und Rennen war so gar nicht ihr Fall. Aber sie bekam keine Antwort, und ihre Puste reichte nicht, um noch mal zu fragen. Sie musste sich ihren Atem sprichwörtlich sparen. Als sie sich einmal kurz umdrehte, sah sie, dass die Männer professionelle Taschenlampen dabeihatten. Damit tauchten sie die Wände immer wieder in grelles Licht, aber bisher hatten sie die Freunde noch nicht entdeckt. Merle betete inständig, dass dies auch so blieb.

In der Dunkelheit vor ihnen ertönte ein aufgeregtes Maunzen. Es klang irgendwie auffordernd. Zoe durchflutete pure Erleichterung. Blue war noch in der Nähe! „Wir müssen ihr folgen“, flüsterte sie ihren Freunden zu.

Es war, als hätte die Katze verstanden, dass sie nun das Kommando übernehmen musste. Jedes Mal, wenn die Freunde kurz anhielten, weil sie nicht weiterwussten, ließ Blue ihr zartes Maunzen ertönen. Die Katze führte sie immer weiter durch die Dunkelheit, und die Freunde hatten das sichere Gefühl, dass sie den eigentlichen Keller schon längst zurückgelassen hatten. Sie wagten es zwar nicht, das Handy zu benutzen, aber anhand der Geräusche, die die Wände zurückwarfen, erschien es ihnen, als würden sie durch ein natürliches Felsenlabyrinth laufen. Das hier war ganz sicher kein künstlich angelegter Keller mehr. Mal klang es so, als wäre der Gang weit und ausladend und die Decke viele Meter über ihnen, mal klang alles wieder ganz eng und sie mussten schauen, dass sie mit dem Kopf nicht irgendwo gegen die Felsen anstießen. Ein Problem war der mit Geröll und Steinen überhäufte, unebene Boden. Ein paar Mal wären sie fast der Länge nach hingeschlagen, aber da sie sich noch immer gegenseitig an der Hand hielten, konnten sie einander stützen und vor einem Sturz bewahren.

„Guckt m-mal, d-da vorne wird es h-heller, oder spinne ich?“, fragte Ricardo.

„Nein, stimmt, es wird wirklich heller.“ Zoe seufzte leise.

Die Männer waren nicht mehr zu hören, und bei einem kurzen Blick nach hinten war auch kein Lichtschein mehr zu sehen. Offensichtlich suchten die Männer nur im Hauptkeller nach ihnen, nicht aber in den weitverzweigten natürlichen Nebenräumen.

„Da vorne kommt das Licht her, seht mal. Es ist eine richtige Öffnung.“

Die Freunde jauchzten leise.

„Klasse, da passen nicht nur Fledermäuse durch, sondern auch Katzen und Menschen!“ Ricardo klang überglücklich.

Merle erstarrte plötzlich und zeigte auf die Felswand vor ihnen. „Ja, aber schaut mal, der Durchschlupf ist ziemlich weit oben, wie sollen wir denn da raufkommen?“

„Oh, das ist heftig“, stimmte ihr Ricardo leise zu.

„Das wird schon.“ Zoe fackelte nicht lang und kletterte behände wie eine Wildkatze an den Felsen hoch. Oben angekommen, drehte sie sich um und legte sich auf den Bauch. „So, Merle, gib mir mal deine Hand.“

Zoe packte Merle und zog sie mit aller Kraft zu sich rauf, während Ricardo sie von unten anschob. Und schneller als gedacht lag Merle oben neben Zoe.

Auch Ricardo konnte die Hilfe von Zoe und Merle gut gebrauchen. „Klasse, dass du so fit bist“, ächzte er, als er ebenfalls flach wie eine Flunder oben auf dem Felsen lag und nach Luft schnappte. Zoe lächelte und krabbelte durch die Öffnung nach draußen. Merle und Ricardo taten es ihr gleich. Die tief am Himmel stehende Abendsonne blendete sie, und sie mussten sich die Hände erst mal schützend vor die Augen halten. Das Erste, was sie erkennen konnten, war Blue, die in der Sonne saß und sich die Pfoten leckte.

„Ich finde, sie sieht ziemlich selbstgefällig aus, wie sie das so sitzt", bemerkte Ricardo.

„Redet man so mit jemandem, der einem gerade das Leben gerettet hat?", schimpfte Zoe.

„Hallo? Das ist jetzt ja wohl ein bisschen übertrieben. Außerdem ist Blue kein ‚Jemand', sondern bloß eine Katze."

Zoe wollte gerade etwas erwidern, als Merle sich einmischte: „Leute, ich will ja nichts sagen, aber meint ihr nicht auch, dass es vielleicht besser wäre, von hier zu verschwinden?"

Da mussten Ricardo und Zoe ihrer Freundin natürlich zustimmen.

Zoe schnappte sich die protestierende Blue und steckte sie wieder in ihren Rucksack. Währenddessen sprach sie ununterbrochen auf sie ein: „Danke schön Blue, gute Katze, tolle Katze …"

Ricardo verdrehte nur die Augen. Dann versuchten sie herauszufinden, wo sie überhaupt gelandet waren. „Ich kann weder das Kloster noch das Camp sehen", stellte Ricardo fest.

„Hmm," überlegte Zoe. „Dann müssen wir auf der anderen Seite des Klosters sein. Immerhin sind wir ja in dem unterirdischen Gewölbe recht lange unterwegs gewesen."

„Ich schaue mal auf der Karte auf meinem Handy nach", murmelte Zoe. „Oh, mein Akku ist auch leer, es lässt sich überhaupt nicht mehr anschalten."

„Tja", meinte Ricardo ironisch. „Ein Hoch auf die Technik."

„Ja, super", gab Zoe zurück. „Deine Karte funktioniert aber auch nur, wenn du sie überhaupt dabeihast. Und? Hast du sie mit?"

„Nee, er nicht, aber ich habe sie mir in der Küche in die Hosentasche gestopft", erklärte Merle stolz. Mit geübten Händen faltete sie die Karte auseinander. „Mal sehen, wo sind wir denn?“ „Ah, seht mal, da müssen wir lang.“ Mit der Karte in der Hand umrundete Merle einen kleinen Felsvorsprung, dann zeigte sie mit einer einladenden Handbewegung nach unten: „Bitte schön ...“

Tatsächlich, gar nicht weit unter ihnen breitete sich das Ausgrabungscamp aus. Autos blitzten in der Abendsonne, und die schlüssellochförmige Anlage der Grabhügel waren von hier besonders gut zu sehen. Zoe nahm sich vor, das irgendwann auch Mieke zu erzählen. Vielleicht würde sie von hier oben Fotos machen wollen? Wie kleine Ameisen liefen die Menschen dort unten umher.

„Super gemacht“, lobte Zoe. „Da sehe ich mal großzügig darüber hinweg, dass du dein Handy vergessen hast.“

Ricardo neben ihr prustete los. Auf dem Rückweg ins Camp überlegten sie, ob sie Zoes Vater von ihrem Erlebnis erzählen sollten, aber sie beschlossen, das erst mal für sich zu behalten. Sie hatten ja keine Beweise, dass der vom Grab wegführende Gang auch wirklich im Kloster endete. Zunächst wollten sie in ihrer Hütte in Ruhe darüber beratschlagen. Vielleicht war Zuko ja auch nur zufällig verschwunden und hatte mit der ganzen Sache gar nichts zu tun. Immerhin war er ihnen ja zuerst sehr freundlich erschienen und hatte ihnen auch das Kloster auf sehr nette Art und Weise gezeigt. Aber was, wenn sie sich in ihm komplett geirrt hatten und er zu den Grabräubern gehörte?

KAPITEL 6

MUMIEN SIND SCHON LANGE TOT

Als sie müde und staubig im Camp ankamen, prasselten die Neuigkeiten nur so auf sie ein. Alle waren aufgeregt, weil der Eingang zu der neuen Grabstätte gefunden worden war. Endlich! Als sie Dr. Balter schließlich am Ort des Geschehens antrafen, merkten sie sofort, dass es momentan überhaupt keinen Sinn ergeben würde, ihm von ihren Erlebnissen zu erzählen. Er nickte ihnen nur kurz zu und war wie elektrisiert. Mit einer Hand fuhr er sich durch die blonden Haare und redete dabei ununterbrochen auf Tom und Mieke ein. Die Freunde konnten dem Gespräch entnehmen, dass sich Dr. Balter mit Mieke und Tom zu der eigentlichen Grabkammer vorgearbeitet hatte. „Es ist der totale Wahnsinn, dass die Kammer unversehrt ist, niemand war nach der Versiegelung des Grabes je wieder dort."

Zoe beobachtete fasziniert, wie Miekes Haare durch den Wind aufgewühlt wurden und wie Flammen um ihren Kopf wirbelten. Ab und zu strich sie sich eine leuchtende Haarsträhne aus dem Gesicht. „Ja, denn die Grabbeigaben sind vollständig."

„Wollt ihr mit in die Kammer?", fragte Dr. Balter die Freunde unvermittelt und starrte sie dann irritiert an. „Ähm, was ist denn mit eurer Kleidung los? Ihr seht aus, als hättet ihre eine Fahrt durch die Sahara hinter euch, dabei dachte ich, ihr wolltet nur das Kloster besuchen."

Die Freunde wechselten verstohlene Blicke. Was bitte sollten sie darauf antworten? Aber Dr. Balter schien schon wieder vergessen zu haben, was er gesagt hatte. „Das hier ist DIE Sensation. Kommt, ich möchte euch die Grabkammer unbedingt zeigen.“ Mit diesen Worten zog er Zoe einfach mit sich. Ricardo und Merle folgten ihrer Freundin automatisch, Mieke und Tom waren schon vor ihnen im Eingang verschwunden.

„Freut euch, ihr könnt dabei sein, wenn wir den Sarkophag öffnen.“

Merle zuckte unmerklich zusammen. Aber was sollte es. Eine Mumie war ja schließlich schon ziemlich lange tot und würde sich ja nicht einfach aus ihrem Sarg erheben. Oder? Das Team hatte schon ein Stromkabel gelegt und so gab es ausreichend Licht.

„Ich fass es nicht.“ Staunend schaute sich Ricardo um.

Die Wandmalereien sahen so aus, als wären sie erst vor Kurzem an die glatten Steinwände aufgebracht worden. Sie leuchteten in warmen Farben und zeigten den Kaiser, der mit hochgesteckten Haaren abgebildet worden war, bei einer Zeremonie. Außerdem gab es eine eindrucksvolle Jagdszene und ein großes Gebäude. „Seht mal!“, meinte Zoe. „Das Haus da kommt mir irgendwie bekannt vor.“

„Schön, dass dir das auffällt, Zoe“, sagte Dr. Balter. „Das ist aber kein Haus, sondern das buddhistische Kloster hier in der Nähe. Ihr wart doch dort, oder?“

„Oh ja, das waren wir“, erwiderte Zoe. Sie sah ihre Freunde bedeutungsvoll an. Das war tatsächlich das Kloster, das konnte doch kein Zufall sein. Ob es wohl auch in diese Grabkammer einen Geheimgang vom Kloster gab? War das nicht sogar sehr wahrscheinlich? Zoe spürte, wie sie ganz kribbelig vor Aufregung wurde.

„Ich glaub’s nicht!“, meinte Ricardo. „Seht mal, da steht ja tatsächlich der Sarg.“

„Ähm“, Merle räusperte sich. „Sind Sie sich eigentlich sicher, dass da noch ein Mensch, ich meine, der Kaiser, drinliegt?“

Dr. Balter war sichtlich amüsiert. „Ja, klar. Hier war nach der Bestattung ganz offensichtlich niemand mehr. Das heißt, wir sind die ersten Menschen seit 1.400 Jahren, die das alles hier anschauen. Und deshalb wird dort ganz sicher der Kaiser in seinem Sarg liegen und niemand anders. Damals wurden die Toten, jedenfalls die Kaiser und ihre Angehörigen, mit einfachen Mitteln mumifiziert. Da der Sarkophag luftdicht verschlossen ist, wird da drinnen ganz sicher sein toter Körper als einbalsamierte Mumie liegen. Hoffentlich gut erhalten!"

Dr. Balter war von diesem Umstand richtiggehend begeistert, aber Merle spürte, wie ihr eine Gänsehaut über die Arme lief. Wann bekam man schon eine echte Mumie so hautnah zu sehen?

Dr. Balter, der ihr Zögern bemerkte, beeilte sich zu sagen: „Also wenn du das lieber nicht sehen möchtest, öffnen wir den Sarg erst später."

Aber Merle wollte trotz des leicht gruseligen Gefühls gerne dabei sein. Ricardo hatte sich unterdessen weiter umgeschaut. „Verrückt!", staunte er. „In der Ecke steht ja eine richtige Rüstung samt Schwert."

„Ja, und sehr viel mehr", erklärte Dr. Balter. „Wir haben Schmuck, Gefäße, Spiegel und weitere Waffen gefunden."

„Das ist ja eine kunterbunte Mischung." Zoe war sichtlich fasziniert.

„Ja, und genau das finde ich etwas merkwürdig", sinnierte Mieke, die bisher voll und ganz mit den Wandmalereien beschäftigt gewesen war. „Bei einem kaiserlichen Kofun fanden sich Schmuck oder Spiegel bisher nur in einem manchmal danebenliegenden kleineren Hügel, in dem die Frau des Kaisers bestattet wurde. Aber soweit ich mich erinnern kann, gibt es keinen Fall, in dem ein Kaiser auch Schmuck und diese Dinge als Grabbeigaben bekommen hat."

„Ja, das ist in der Tat seltsam", stimmte Dr. Balter zu. „Aber darum kümmern wir uns später."

Aufgeregt widmete er sich wieder der Untersuchung der Kammer. Die Freunde wollten wissen, wie es denn jetzt weiterginge, und Mieke erklärte, dass zuerst die Grabkammer mit dem Steinsarkophag und allen Beigaben dokumentiert werden würde. Außerdem hatte sie schon das Museum in Osaka angerufen. Von dort wollte schon am nächsten Tag ein kleines Team vorbeikommen, um sich selbst ein Bild von der ganzen Anlage zu machen. Darunter würde auch ein Spezialist für Mumien sein. In seinem Beisein würde dann der Sarkophag geöffnet und die Mumie geborgen werden. „Sie wird dann in einem Labor komplett untersucht und mithilfe einer Computertomografie durchleuchtet."

Merle fragte: „Wieso das denn?"

Dr. Balter erklärte, dass dies heutzutage ein gängiges Verfahren sei, mit dessen Hilfe das Alter der Mumie und vielleicht auch die Todesursache geklärt werden konnte.

„So, jetzt möchte ich aber trotzdem einen vorsichtigen Blick in den Sarkophag werfen", sagte Dr. Balter mit glänzenden Augen.

„Jetzt?" Merle wich automatisch einige Schritte zurück.

„Merle, eine Mumie ist völlig ungefährlich, aber wenn du möchtest, kannst du ja rausgehen." Ricardo wies mit dem Kinn Richtung Ausgang.

„Komm schon!", lockte Zoe. „Eine Mumie bekommst du nicht jeden Tag zu sehen." Als sie Merles Gesichtsausdruck sah, beeilte sie sich zu sagen: „Aber wenn du unbedingt nicht möchtest, gehe ich mit dir zusammen raus."

Das Angebot war geradezu fürstlich, denn Merle wusste, dass Zoe total neugierig auf die Mumie war. „Nein, ist schon gut, ich bleibe hier."

„Schön, schön", murmelte Dr. Balter. „Dann wollen wir mal."

Die Freunde staunten, wie gut das Ausgrabungsteam aufeinander eingespielt war. Mit der größten Vorsicht wurde der schwere Deckel vom Sarkophag gehoben und versetzt wieder aufgelegt. So hatten alle einen guten Einblick in sein Inneres. „Ah, die Mumie ist wirklich sehr gut erhalten. Das ist toll“, freute sich Dr. Balter. „Schau mal, Merle.“ Mit diesen Worten nahm er Merle an die Hand und zog sie sanft zum Sarkophag. Merle wagte einen Blick hinein und tatsächlich, die Mumie sah nicht so gruselig aus, wie sie sich das vorgestellt hatte. Ganz und gar nicht. Die zarten Gesichtszüge wurden von brauner pergamentartiger Haut überspannt. Reste der Kleidung schlangen sich um den zierlichen Körper, und die Füße steckten in einer Art Pantoffeln. So genau war das nicht mehr festzustellen. Eingerahmt wurde das Gesicht von schwarzen schulterlangen Haaren, die sich rechts und links fächerartig auf einem Kissen ausbreiteten.

„Die Haare sind aber ganz schön lang für einen Mann“, wunderte Merle sich.

„Ja, sie sind lang“, erklärte Mieke, die neben Merle stand. „Die Männer in dieser Epoche hatten oft lange Haare. Jedenfalls haben wir das auf den Wandmalereien gesehen und auch bei den bisher geborgenen Mumien war das manchmal der Fall. Und wie ihr dahinten an der Wand sehen könnt, hatte der Kaiser die Haare zu einem Dutt hochgesteckt.“

Auch Ricardo und Zoe waren echt fasziniert. Nachdem alle einen kurzen Blick auf die Mumie geworfen hatten, wurde der Deckel sorgfältig wieder geschlossen.

Dr. Balter, Tom und Mieke fingen an, die Grabbeigaben zu fotografieren, und die Freunde spürten plötzlich, wie müde sie nach dem Abenteuer im Kloster waren. Mit einem Zwinkern sagte ihnen Tom, dass die Ausgrabungen vorerst eingestellt wären und sie freihätten. Das klang wie Musik in den Ohren der Freunde. Blue machte sich wieder einmal bemerkbar, und Zoe fiel ein, dass ja schon längst Fütterungszeit war. Sie selbst verspürten auch eine ziemliche Leere im Magen. Sie beschlossen, zuerst Blue in der Hütte abzusetzen, ihr den Futternapf zu füllen und danach dem Küchenzelt einen ausführlichen Besuch abzustatten.

„Ach, übrigens“, sagte Dr. Balter, als die Freunde sich gerade verabschieden wollten. „Heute Abend hole ich Kyra vom Flughafen ab. Möchtet ihr mitkommen?“

Von drei Seiten war kollektives genervtes Ächzen zu hören.

„Oh nein!“ Zoe hielt sich schnell mit der Hand den Mund zu, bevor sie noch mehr sagen konnte. Kyra war zwar ihre Cousine, aber das war dann auch schon alles, was sie miteinander verband. Im Gegenteil: Kyra war ziemlich launisch und ging meistens nur allen auf die Nerven. Aber leider nahm sie immer mal wieder an den Ausgrabungen teil. Ihr Vater war der Bruder von Dr. Balter. „Dass Kyra auch kommt, hattest du gar nicht erzählt“, fügte sie etwas vorwurfsvoll hinzu.

Dr. Balter hob entschuldigend die Hände und sagte „Hey, ich weiß, dass ihr Kyra nicht sonderlich mögt, aber es hat sich nun einmal kurzfristig so ergeben. Ihre Eltern haben geschäftlich in den USA zu tun, und Oma und Opa sind doch gerade auch im Urlaub, sonst hätte Kyra zu euren Großeltern gekonnt.“

Zoe kam es immer komisch vor, wenn jemand, der eigentlich nur am Computer saß, „geschäftlich“ in irgendwelchen exklusiven Hotels zu tun hatte. Klar, ihr Papa konnte sich seine Arbeit schließlich schlecht mit nach Hause nehmen, dafür nahm er eben manchmal sein Kind mit zur Arbeit. Aber sie hatte keine rechte Vorstellung davon, was ihr Onkel und ihre Tante eigentlich arbeiteten und warum sie manchmal „kurzfristig dringend“ irgendwohin mussten und ihre Tochter bei ihrer Oma oder ihrem Onkel unterbrachten, die beide nie „Nein“ sagen konnten. Obwohl sie wirklich keine Lust hatte, sagte sie: „In Ordnung, wir kommen mit.“

Ricardo und Merle blickten genervt zu ihr herüber. Sie zuckte hilflos mit den Schultern. „Was hätte ich denn sagen sollen?“

Im Küchenzelt herrschte nicht viel Betrieb, sie waren aber auch schon spät dran. Trotzdem gab es noch genug zu essen. Es war wie immer total lecker.

„Euch ist aber schon klar“, nuschelte Ricardo mit vollem Mund, „dass es gefährlich ist, wenn wir das mit dem Geheimgang keinem sagen, oder?“

„Na ja“, antwortete Merle, „Zoes Vater hat doch gesagt, dass sie diesmal den Eingang sorgfältig verschließen werden. Und wir wissen ja nicht, ob diese Grabkammer überhaupt einen Geheimgang hat. Es kann ja gut sein, dass das bei der anderen Kammer eine einmalige Sache war. Außerdem ist das Camp doch gut bewacht.“

In diesem Moment setzte sich Akito zu ihnen. „Na, wie hat es euch im Kloster gefallen?“, fragte er.

„Ach, du redest wieder mit uns?“ Ricardo klang reichlich angesäuert.

Akito sah ihm in die Augen. „Ich habe mit Jugendlichen nicht die besten Erfahrungen gemacht, deshalb halte ich mich eher von ihnen fern.“

Merle sah ihn erstaunt an. „Wie meinst du das?“

„Das ist nicht wichtig“, erklärte Akito. „Erzählt mir lieber, wie es im Kloster war.“

Die Freunde sahen sich ratlos an, was sollten sie erzählen und was lieber nicht? Und konnten sie Akito überhaupt vertrauen?

Zoe gab sich einen Ruck. „Es war sehr nett. Ein junger Novize hat uns durchs Kloster geführt und alles gezeigt. Die Meditationsräume fand ich besonders toll. Aber es schien auch alles irgendwie so, als wäre es aus einer vergangenen Zeit. Das Kloster ist ja schon sehr alt und es scheint auch nie wirklich renoviert oder saniert worden zu sein. Die Mauern wirkten ziemlich marode und die Treppen im Keller waren es auch …"

Ricardo warf Zoe wütende Blicke zu. Musste sie denn wie ein Wasserfall auf Akito einplappern?

Der unterbrach Zoes Redefluss auch prompt und fragte: „Hieß der Novize vielleicht Zuko?"

„Ja, genau", antwortete Zoe. „Wieso fragst du?"

Akito starrte eine Weile nachdenklich ins Leere und wirkte dabei plötzlich viel älter, als er eigentlich war. „Zuko ist erst vor wenigen Monaten als Novize im Kloster aufgenommen worden. Und ich habe gehört, dass er dort auch nicht so beliebt ist. Angeblich soll er es mit den Gebetszeiten nicht so genau nehmen." Akito fegte ein paar Krümel mit der Hand vom Tisch und fuhr fort: „Aber was ich persönlich komisch finde, ist, dass Zuko hier im Camp nach einem Job gefragt hat, bevor er dort im Kloster Novize wurde. Mieke hat ihn überall herumgeführt und Zuko hat allerlei Fragen gestellt."

„Ja, und?", fragte Ricardo ungeduldig. „Fragen zu stellen ist doch nichts Verbotenes. Was kann daran denn schon besonders oder auffällig sein?"

„Na ja", antworte Akito nach einem kurzen Zögern. „Zuko fragte danach, ob schon wertvolle Sachen gefunden worden waren, ob es eine Nachtwache gibt und ob das Grab von Gyonin-Tenno schon gefunden worden war. Mieke kam das auch irgendwie komisch vor, aber da jede Hand im Camp gebraucht wurde, haben sie Zuko eingestellt."

„Und wieso ist er dann jetzt im Kloster und nicht mehr hier?", fragte Merle erstaunt.

„Er hat nach drei Tagen schon wieder gekündigt und ist dann wohl direkt ins Kloster gegangen."

Das war in der Tat merkwürdig, und die Freunde konnten sich keinen Reim darauf machen. Hatte Zuko vielleicht doch etwas mit dem Raub der Haniwas zu tun? Immerhin hatte er sie einfach so im Keller stehen lassen. Außerdem war sein Verhalten bezüglich des Felsengewölbes wirklich merkwürdig gewesen. Zoe sah ihre Freunde fragend an. Als die ihr zunickten, sagte sie: „Wir müssen dir noch etwas sagen."

Und so erzählten sie einem erstaunten Akito von ihren Erlebnissen im Kloster und wie sie von mehreren Männern verfolgt worden waren.

„Das ist aber alles sehr mysteriös", meinte Akito, als sie geendet hatte. „Ich meine, okay, Zuko ist schon ein komischer Typ, aber er ist doch noch total jung. Soweit ich weiß, ist er gerade einmal achtzehn. Er kann doch unmöglich etwas mit dem Raub zu tun haben. Das traue ich ihm einfach nicht zu."

„Dann muss er jemanden haben, der ihn beauftragt hat oder der ihm hilft", warf Ricardo ein. „Schließlich waren mindestens noch zwei andere Männer bei unserer Verfolgung dabei."

Akito sah mit nachdenklichem Blick aus dem Küchenzelt. „Wieso haben sie euch überhaupt verfolgt? Ich meine, ihr habt ja gar nichts gesehen. Nur eine Tür, das war es. Also ich meine, Türen sind ja im Allgemeinen nichts Besonderes. Ihr habt kein Lager mit Diebesgut gefunden oder so."

Ja, das war wirklich eine gute Frage. Sie kamen nach langer Beratung zu dem Schluss, dass es nur so sein konnte, dass die Männer sich gestört gefühlt hatten.

„Und vielleicht waren sie in der Vorbereitung für einen neuen Raub oder zumindest waren sie jederzeit bereit dafür und wollten nicht, dass auch nur das kleinste bisschen an Information ans Tageslicht kommt", überlegte Zoe. „Das heißt aber auch, dass sie jederzeit wieder zuschlagen könnten. Und vielleicht haben sie einen Komplizen hier im Lager."

„Und ihr Hauptziel ist ganz sicher das Kofun von Kaiser Gyonin", ergänzte Ricardo.

Merle schob resolut ihren Teller beiseite. „Wir müssen deinen Vater warnen."

„Na, habt ihr noch einen speziellen Wunsch?" Die Freunde hatten gar nicht bemerkt, dass Lela an ihren Tisch getreten war. Dass ihr Sohn bei ihnen saß, schien sie ein bisschen zu wundern.

„Nein, danke schön", antwortete Merle. „Wir sind absolut satt."

„Und es war wie immer sehr lecker", ergänzte Zoe.

Zufrieden lächelnd ging Lela wieder zurück. Akito beugte sich zu den Freunden und meinte: „Mieke hat vorhin beim Essen erzählt, dass sie dieses Mal die Tür zur Grabanlage besonders sichern werden." Eine Weile schwiegen alle, dann sagte Akito: „Wir müssen nachschauen, ob die Kammer auch einen Geheimgang hat."

„Aber wie denn?", fragte Merle. „Du hast uns doch gerade erklärt, dass die Tür, die sie heute eingebaut haben, sehr sicher ist."

Akito grinste sie nur an: „Das lasst mal meine Sorge sein …"

KAPITEL 7

EINE FRAGE DES VERTRAUENS

Das Camp kam nur langsam und sehr spät zur Ruhe. Dr. Balter war spontan nach Osaka gefahren, um mit den zuständigen Leuten im Museum noch mal alles durchzusprechen. Da er dabei völlig die Zeit vergessen hatte, war er direkt weiter zum Flughafen gefahren, wo er eine ziemlich müde Kyra abgeholt hatte. Nun saßen sie alle zusammen in der Hütte der Freunde in der Küche. Kyra hatte sich sofort eine Cola aus dem Kühlschrank geschnappt.

„In den nächsten Tagen schicken sie einen Wagen zur Abholung der Fundstücke. Bis dahin haben wir Zeit, um alles in Ruhe zu fotografieren und zu dokumentieren. Die Mumie wird allerdings, wie angekündigt, schon morgen abgeholt."

Zoe hatte das früher nie so recht verstanden, aber Wissenschaftler bezogen auch aus den kleinsten Dingen Informationen. Deshalb war die Anordnung der Grabbeigaben so enorm wichtig.

Den Grabräubern hingegen, hatte ihr Vater erklärt, ging es lediglich um den Wert der Grabbeigaben. Es ging ihnen nur darum, diese zu finden und zu stehlen, um sie dann zum bestmöglichen Preis verkaufen zu können. Wissenschaftler wollten verstehen, Grabräuber nur möglichst viel Geld verdienen. „Leider agieren Grabräuber international. Oft arbeiten sie nach Auftrag."

„Nach Auftrag?", fragte Zoe. „Was heißt das denn?"

„Nun, manche Grabräuber sind so gewieft und mit der Materie vertraut, dass sie auch entsprechenden Erfolg haben. Also, Erfolg in

Anführungsstrichen, versteht sich. Jedenfalls spricht sich das in den illegalen Sammlerkreisen herum, und mancher Sammler gibt ein kleines Vermögen aus und beauftragt einen Grabräuber, wenn er an irgendetwas ganz Speziellem Interesse hat. Und die Räuber sind schlau, viele werden trotz aller Bemühungen einfach nicht gefasst." Dr. Balter legte seinen Kopf in den Nacken und fuhr fort: „Deshalb hat es mich auch so irritiert, dass Professor van der Velde neulich in Nara war. Das kann eigentlich kein Zufall sein. Und er war es ganz sicher. Das gefällt mir ganz und gar nicht."

Die Freunde sahen sich wortlos an. Das klang nicht gut, gar nicht gut.

Derweil beschäftigten Kyra, die bisher außer „Hallo" noch gar nichts gesagt, sondern nur ihr Gepäck in die Küchenecke gepfeffert hatte, ganz andere Gedanken. „Wow, habt ihr denn auch Schmuck gefunden? Ich meine Ringe und Armreifen aus Gold?"

Zoe verdrehte innerlich die Augen. Ihre Cousine hatte immer nur Glitzer und Geld im Kopf. Eigentlich ähnelte ihr Verhalten mehr dem eines Grabräubers beziehungsweise in ihrem Fall einer Grabräuberin. Auch Ricardo hatte bei Kyras Worten ziemlich genervt und demonstrativ aus dem Fenster geblickt. Überhaupt war sich Zoe sicher, dass ihre Freunde nicht wirklich glücklich über die unerwartete Ankunft von Kyra waren. Sie konnte es ihnen nicht verdenken. Kyra war einfach nur nervig und meistens sehr oberflächlich unterwegs. Empathie und Nächstenliebe, Freundschaft und Zusammenhalt Fehlanzeige. Aber es war wohl so, wie man immer sagte: Familie konnte man sich nicht aussuchen. Irgendwie tat Kyra ihr leid, weil ihre Eltern zwar da waren, aber so wenig Zeit für sie hatten. Zoe hatte zwar ihre Mutter verloren, aber ihr Vater tat alles dafür, trotz seiner vielen Arbeit an ihrem Leben teilzunehmen. Außerdem hatte sie tolle Großeltern, und sie liebte das Leben bei ihnen in ihrem gemütlichen Haus mit dem verwunschenen Garten. Zoe musste zugeben, dass es ihr eigentlich ziemlich gut ging. Deshalb versuchte sie auch immer ganz bewusst, nett zu Kyra zu sein. Aber manchmal war das gar nicht so einfach.

„Nein, Kyra", antwortete Zoes Vater. „Goldschmuck haben wir nicht gefunden. Aber Perlen, Spiegel und lange Halsketten aus Jade."

„Hey, das mit den Perlen hast du uns noch gar nicht erzählt", beschwerte sich Zoe.

Dr. Balter lächelte und streichelte die genüsslich vor sich hin schnurrende Blue. „Mieke hat sie später am Abend entdeckt."

„Aber jetzt ist Feierabend und alles ist gut abgeschlossen, oder?", wollte Ricardo zur Sicherheit noch mal wissen.

„Aber ja, da kommt keiner rein. Jedenfalls nicht ohne Schlüssel. Und jeweils einen Schlüssel haben nur Mieke und ich. Außerdem haben wir ja an allen Zufahrten die Wachen stehen. Da kommt so leicht keiner dran vorbei. Aber ihr habt recht, ich bin einfach froh, wenn die Beigaben heil und sicher im Museum angekommen sind."

Kyra war in der Zwischenzeit aufgestanden und hatte alle Zimmer inspiziert. Als sie wieder in der kleinen Küche ankam, fragte sie: „Ähm, wo soll ich eigentlich schlafen? Hier ist ja überhaupt kein Platz mehr."

Darüber hatte Zoe auch schon nachgedacht. Vielleicht würde ihr Vater ja ein Einsehen haben und Kyra woanders unterbringen. Das wäre nämlich für sie und ihre Freunde die beste Lösung. Dann hätten sie zumindest die Abende für sich. Gerade jetzt wäre das sehr wichtig, denn heute Abend waren sie ja mit Akito vor der neuen Grabkammer verabredet. Ihre Cousine zu diesem Treffen mitzunehmen kam definitiv nicht infrage. Sie würde ganz sicher nur alles verkomplizieren und sie alle mit ihren Fragen nerven. Zoe konnte förmlich Kyras quengelige Stimme hören: „Ist ja schon gruselig nachts hier draußen, mir ist kalt, eigentlich habe ich Hunger, ist das überhaupt erlaubt, alleine in die Grabkammer zu gehen?“ Und mit diesen Fragen würde es ja nicht aufhören. Wenn Zoe so darüber nachdachte, war es wirklich eine Katastrophe, dass Kyra ausgerechnet in diesem Urlaub mit von der Partie war. Nein, ihr Vater musste Kyra unbedingt irgendwo anders im Camp unterbringen, möglichst weit weg von ihnen.

Aber die Sache kam anders als gewünscht: „Ja, also Kyra, die Sache ist die, im Moment ist das Camp komplett ausgelastet und es gibt überhaupt keinen Platz mehr in den anderen Unterkünften. Deshalb habe ich dir eine Luftmatratze mitgebracht. Sie ist noch draußen im Auto. Du wirst leider hier im Mädchenzimmer dein Lager zwischen den Betten aufschlagen müssen.“

Ricardo war sich nicht sicher, aber hatte Dr. Balter nicht einen leicht amüsierten Gesichtsausdruck? Nun, es konnte Zoes Vater ja nicht entgangen sein, dass Kyra nicht sonderlich beliebt bei ihnen war. Und ganz sicher hatte er auch seine eigene Meinung über seine Nichte. Aber er fühlte sich für sie verantwortlich, und wenn Ricardo so darüber nachdachte, war das ein richtig feiner Zug von Dr. Balter. Die Reaktion auf die Aussicht, auf einer Luftmatratze schlafen zu müssen, ließ natürlich nicht auf sich warten. Kyra schnaubte entrüstet: „Das geht nicht, in dem kleinen Zimmer ist es doch viel zu eng.“

Doch Dr. Balter ließ sich weder von Zoes bittendem noch von Kyras forderndem Blick erweichen.

Als er sich schließlich verabschiedet und allen eine gute Nacht gewünscht hatte, sahen sich die drei Freunde fragend an. Was sollten sie nun machen? Kyra mitnehmen? Anders ginge es wohl kaum, da sich Zoe und Merle unmöglich unbemerkt aus dem Zimmer schleichen konnten. Es sei denn, sie würden ihr ein Schlafmittel verabreichen, aber so etwas hatten sie natürlich nicht. Deshalb holte

Zoe tief Luft, als ihre Cousine aus dem Bad kam. „Kyra, wir gehen nachher noch mal raus. Wir treffen uns mit einem Jungen und gehen gemeinsam in die neu geöffnete Grabkammer."

Kyra schaute sie nur verständnislos an. Also erzählte Zoe die ganze Geschichte in abgekürzter Form, und Merle und Ricardo ergänzten an gegebener Stelle. „Und ihr wollt wirklich heute Nacht da rein?", fragte Kyra irritiert. „Also ganz alleine, ohne deinen Vater? Hat er euch das überhaupt erlaubt?"

Zoe hatte ja gewusst, dass es Probleme mit Kyra geben würde, bemühte sich aber, freundlich zu bleiben. „Er weiß nichts davon. Wir können ihm aber auch noch nicht von unserem Verdacht erzählen. Irgendjemand hier im Camp arbeitet vielleicht mit den Grabräubern zusammen, und wir möchten gerne herausfinden, wer das ist."

Ricardo ergänzte: „Je mehr Leute von dem Geheimgang wissen, desto wahrscheinlicher ist es, dass die Grabräuber nicht wieder zuschlagen oder aber sich eine andere Strategie überlegen."

Kyra schaute ihn entgeistert an. „Aber genau das ist doch gut, oder nicht? Ich meine, darum geht es hier doch, dass nichts mehr geraubt wird."

Zoe hatte sich schon gedacht, dass ihre Cousine gar nicht verstanden hatte, was ihr Vater vorhin über die Grabräuber gesagt hatte. Deshalb erklärte sie betont ruhig: „Du hast doch mitbekommen, was mein Vater vorhin erzählt hat. Grabräuber sind international tätig und werden selten gefasst."

„Ja", ergänzte Ricardo. „Und nun haben wir die Möglichkeit, Grabräuber auf frischer Tat zu ertappen. Es ist praktisch unsere Pflicht, dafür zu sorgen, dass sie hinter Schloss und Riegel kommen."

Kyras Augen weiteten sich ungläubig, dann fing sie plötzlich an zu lachen. „Ihr seid verrückt, komplett plemplem. Ihr könnt euch doch nicht mit echten Grabräubern anlegen. Ihr seid doch viel zu jung." Kyra kriegte sich vor lauter Lachen gar nicht mehr ein und schreckte damit auch Blue aus ihrem Schlaf.

Nun hatte Ricardo die Nase voll und sagte: „Hallo, komm mal wieder runter. Niemand hat gesagt, dass wir es ganz allein mit den Kriminellen aufnehmen wollen. Wir wollen uns doch bloß vergewissern, ob es in der neuen Grabkammer auch einen Geheimgang gibt, und natürlich auch, ob dieser dann zum Kloster führt. Wenn wir da ganz sicher sind, werden wir natürlich Dr. Balter Bescheid sagen. Wir sind ja nicht wahnsinnig."

Kyra plusterte sich förmlich auf und wollte gerade den Mund öffnen, als Merle ihr zuvorkam: „Es ist gut jetzt, entspannt euch mal."

Kyra schaut von einem zum anderen, dann sagte sie: „Ihr könnt ja Grabforscher spielen, ich jedenfalls bleibe hier."

Das fanden die Freunde eigentlich keine schlechte Idee, im Gegenteil. „In Ordnung, dann machen wir das so. Du bleibst mit Blue hier, und wir machen uns nachher auf den Weg. Um zwölf sind wir mit Akito am Grab verabredet."

Kyra lächelte herablassend. „War ja klar, es musste natürlich unbedingt die Geisterstunde sein, damit das Ganze noch einen schönen gruseligen Rahmen bekommt." Bevor Zoe etwas entgegnen konnte, zuckte Kyra mit den Schultern. „Tut, was ihr nicht lassen könnt. Ich hau mich ins Bett." Mit diesen Worten ging sie die Luftmatratze holen, die Dr. Balter vor der Haustür abgelegt hatte, und fing an, sie mit der beigelegten Pumpe aufzupumpen. Die Freunde überprüften derweil ihre Taschenlampen und luden ihre Handys auf. Sicher war sicher.

Zoe überlegte, ob sie Blue wirklich bei Kyra lassen sollte, aber sie brachte es einfach nicht übers Herz, die Katze wieder aufzuwecken, um sie dann in den Rucksack zu stecken. Für sie gab es keinen schöneren Anblick, als eine im Schlaf zusammengerollte Katze.

Kurz vor Mitternacht verabschiedeten sich die Freunde leise von Kyra und machten sich auf den Weg zum Kaisergrab. Da sie auf keinen Fall jemanden auf sich aufmerksam machen wollten, huschten sie als lautlose Schatten durch das Camp. Vor dem Eingang zum Grabhügel trafen sie auf einen regungslos in der Dunkelheit wartenden Akito. Und zwar so regungslos, dass sie ihn zuerst gar nicht bemerkten.

„Wo steckt denn der Schwertträger? Das gibt es doch nicht, dass er sich verspätet", flüsterte Ricardo gerade aufgebracht, als Akito lautlos auf sie zutrat.

Merle bekam einen riesigen Schreck und musste sich die Hand vor den Mund halten, um nicht laut loszuschreien. „Musst du uns so erschrecken?"

Akito hob entschuldigend die Hände.

„Wieso uns?", fragte Ricardo. „Du meinst wohl dich."

„Könnt ihr das jetzt mal bitte lassen!", zischte Zoe. Sie wusste nicht warum, aber sie hatte das Gefühl, dass Akito sich großartig amüsierte.

Seiner Stimme war allerdings nichts anzumerken, als er sagte: „Ich bin schon eine ganze Weile hier und habe die Gegend beobachtet. Es hat keiner mitbekommen, dass ihr hierher unterwegs wart."

„Sehr beruhigend", brummte Ricardo.

„Wie willst du jetzt eigentlich in die Grabkammer gelangen?" Darüber hatten sie gar nicht mehr gesprochen. Zoe war sich nicht sicher, wie Akito das Problem lösen wollte.

„Willst du die Schlösser mit deinem Schwert in Stücke schlagen?", fragte Ricardo interessiert.

„Natürlich nicht, das wäre keine gute Idee", meinte Akito. „Aber es ist sehr wahrscheinlich einfacher, als du denkst. Weil ich schon als Kind immer meine Schlüssel verloren habe, hat mein Großvater mir schon sehr früh beigebracht, wie man die Türen auch ohne Schlüssel und mit wenigen Hilfsmitteln öffnen kann. Ist mir ein bisschen peinlich, aber manchmal sehr nützlich."

„Aha", flüsterte Merle. „Und woher weiß dein Großvater, wie das geht?" Sie fand das ausgesprochen sonderbar, aber wer weiß, vielleicht war es in Japan normal, schon als Kind Schlösser zu knacken.

„Keine Ahnung, das habe ich ihn nie gefragt." Akito holte einen kleinen Beutel aus seinem Rucksack. „Ricardo, leuchte bitte mal das Schloss an." Merle und Zoe forderte er auf, sich so vor Ricardo zu stellen, dass das Licht der Taschenlampe nicht vom Camp aus zu sehen war.

Zoe war sehr skeptisch. Toller Plan von Akito. Das konnte doch gar nicht funktionieren, oder?

Akito schaute sich das Schloss aufmerksam an, dann holte er einen kleinen Gegenstand aus dem Beutel und machte sich äußerst sorgsam am Schloss zu schaffen. Dabei brummelte er leise auf Japanisch vor sich hin.

„Wahrscheinlich muss man den Türgeist mit Wörtern besänftigen, damit er das Schloss freigibt", frotzelte Ricardo gerade, als Akito mit einem zufriedenen Grunzen das erste Schloss in der Hand hielt. Offen und unversehrt. Die Freunde waren sprachlos. Ruck, zuck waren auch die anderen beiden Schlösser geöffnet.

„Also ich will ja nichts sagen", meinte Merle, „aber die Schlösser scheinen echt keine Wertarbeit zu sein."

„Doch, doch", widersprach Akito. „Das sind schon gute Schlösser. Ich hatte einfach nur einen genialen Lehrmeister."

Ricardo überlegte gerade, ob er noch einen Spruch über die Fähigkeiten des Großvaters machen sollte, als Zoe ungeduldig fragte: „Können wir dann jetzt vielleicht mal los?"

„Klar." Akito packte die Schlösser in seinen Beutel. Er versicherte, dass er sie später wieder so anbringen würde, dass keiner etwas merken würde. Mit schnellen Schritten tauchten sie in die Tiefe des

Grabhügels ein und standen kurz darauf schon in der Grabkammer.

„Diese hier ist gar nicht so eng wie die andere", stellte Akito fest.

Das stimmte, das war den Freunden auch schon aufgefallen. Sie war nicht nur größer, sondern auch viel schöner ausgestaltet. Die Wandmalereien strahlten auch im spärlichen Licht der Taschenlampen. Die großen Lampen wollten sie nicht anschalten. Vielleicht wäre ein Lichtschein durch die Tür nach draußen gelangt, und sie wollten einfach nicht das Risiko eingehen, entdeckt zu werden.

„Echt krass, was die Menschen früher alles draufhatten. Ich meine, ist doch verrückt, dass die Farben noch immer so wundervoll leuchten", stellte Akito bewundernd fest.

Ricardo und Zoe nickten. Merle untersuchte unterdessen schon die Wände auf Auffälligkeiten. „Gib mir mal bitte deine Taschenlampe."

„Wieso, du hast doch eine eigene?", protestierte Zoe.

„Nein", druckste Merle herum. „Die liegt auf dem Küchentisch."

„Schon wieder? Das gibt es ja nicht. Na gut, hier, nimm."

Sie suchten nach Wandbildern, die irgendwie anders waren, bei denen etwas auf einen verborgenen Mechanismus hindeuten könnte. Aber – nichts zu machen.

„Es ist wie verhext", stöhnte Zoe nach einer Weile.

„Ich meine, wir können hier ja schließlich nicht übernachten."

„Vielleicht gibt es hier gar keinen Gang", überlegte Ricardo. „Dann können wir nämlich auch gar nichts finden."

„Doch!", sagte Zoe mit Bestimmtheit. „Hier ist einer, da bin ich mir sicher."

„Aha, und woher willst du das wissen?", fragte Ricardo irritiert. Zoe zuckte nur mit den Schultern und meinte: „Weibliche Intuition, schon mal gehört?"

Ein synchrones Schnauben war von Ricardo und Akito zu hören. Aber bevor die Jungs sich darüber auslassen konnten, stieß Merle einen kleinen Schrei aus: „Hier, ich glaube, hier ist es!"

Sofort waren die anderen an ihrer Seite und starrten auf die Stelle, die Merle ihnen zeigte. Aber da war nichts. Merle drehte sich um und sah die fragenden Blicke. „Na, hier! Seht doch, es sind die Lotusblumen in diesem Teich hier."

Die Wandmalereien waren wirklich viel prächtiger als in der anderen Grabkammer. Der Teich mit den vielen rosa Lotusblüten, die auf dem Wasser zu schwimmen schienen, sah unglaublich echt aus. „Hier!", sagte Merle ungeduldig, als ihre Freunde noch immer nicht reagierten. „Diese beiden Lotusblüten schwimmen sehr nah beieinander auf dem Wasser, und ihre Blütenkelche sind beide gleich weit geöffnet. Und in der Mitte ist ein roter Punkt."

„Ja und?", fragte Zoe ungeduldig.

„Oh, klar", sagte Akito. „Wenn ihr die anderen Blüten anschaut, seht ihr den Unterschied." Und nun sahen es auch Zoe und Ricardo. Die anderen Blüten waren in der Mitte gelb. Also mussten die beiden Lotusblüten mit dem roten Punkt in der Mitte den Mechanismus auslösen. Es konnte gar nicht anders sein.

„Okay Merle, du bist hiermit offiziell unsere Geheimgangfinderin Nummer eins. Dann leg mal los und öffne die Tür."

Merle freute sich über Zoes Lob und wollte gerade Daumen und Zeigefinger auf die in einer kleinen Vertiefung liegenden roten Punkte in der Mitte der Lotusblüten legen, als Akito neben ihnen erstarrte.

„Was ist?", fragte Zoe nervös.

„Ich habe etwas gehört." Zoe sah ihn skeptisch an. „Ich bin mir ganz sicher." Akito war zu einer Säule erstarrt und lauschte mit geöffnetem Mund in die Dunkelheit.

Die Freunde hielten die Luft an und dann hörten sie es auch. Auf dem Schotter draußen näherten sich knirschende Schritte, und es klang, als telefonierte jemand mit gedämpfter Stimme.

„Wir müssen hier raus", flüsterte Merle ängstlich.

Das sahen die anderen ganz genauso, und so leise sie konnten, schlichen sie zum Ausgang des Kaisergrabes. Dort holte Akito in rasender Geschwindigkeit die Schlösser aus seinem Beutel und verriegelte die Tür wieder. Vor lauter Aufregung schlug ihnen das Herz bis zum Hals, und ihr Blut rauschte dermaßen laut in ihren Ohren, dass sie nichts anderes mehr hörten. Als sie sich umdrehten und Mieke wie aus dem Nichts vor ihnen stand, fielen sie vor Schreck fast in Ohnmacht. „Was um Himmels willen macht ihr denn mitten in der Nacht hier draußen?", fragte sie fassungslos.

„Wir haben nach einem Gehei…", wollte Merle gerade erzählen, als sie von Zoe einen unsanften Stoß in die Rippen erhielt.

Merle sah Zoe empört an und rieb sich die Seite. Was sollte das denn jetzt? Mieke war doch ihre Vertraute, oder etwa nicht?

Mieke sah sie mit einem sehr merkwürdigen Gesichtsausdruck an und erklärte: „Auf meiner üblichen Abendrunde ist mir aufgefallen, dass eure Schuhe nicht auf der Veranda stehen und ich habe geklopft. Eine ziemlich verschlafene Kyra hat mir geöffnet und gesagt, dass ihr in geheimer Mission unterwegs seid. Mehr wollte sie mir allerdings nicht verraten. Was fällt euch eigentlich ein, um diese Zeit noch alleine hier herumzuschleichen?"

Während Mieke ihnen das alles erzählte, versuchte Akito unauffällig, sein Schwert hinter einen kleinen Busch gleiten zu lassen. Besser, wenn Mieke ihn nicht damit sah. Ricardo fiel auf die Schnelle nichts Passendes ein und auch Zoe schien ihre Sprache verloren zu haben. Mieke leuchtete ihnen mit ihrer Taschenlampe ins Gesicht und meinte: „Ihr seid vielleicht Gregors Gäste, aber um diese Zeit habt ihr hier draußen nichts verloren. Was auch immer eure geheime Mission war, sie ist hiermit beendet. Ab ins Bett mit euch."

Zoe wollte gerade zu einem Einwand ansetzen, doch Mieke schnitt ihr das Wort ab. „Kein Aber. Außerhalb der Arbeitszeiten habt ihr an den Grabungsstätten nichts zu suchen, damit das klar ist. Grundsätzlich nicht und aktuell schon mal gar nicht. Mit Grabräubern ist nicht zu spaßen. Dein Vater wird sicher nicht sehr erbaut darüber sein, dass ihr mitten in der Nacht durch die Gegend strolcht, Wachen hin oder her. Also, gute Nacht."

Die Freunde nickten und machten sich auf den Weg zurück. Mieke vergewisserte sich derweil, ob die Schlösser noch alle festsaßen, indem sie gut hörbar daran herumrüttelte.

Akito seufzte erleichtert und flüsterte: „Gut, dass ich sie noch zubekommen habe."

„Ja, das stimmt", flüsterte Zoe zurück.

„Was ist mit deinem Schwert?", fragte Merle.

„Ach, das hole ich morgen früh, das ist kein Problem. Mich wird schon keiner sehen."

Ricardo sagte gar nichts mehr.

„Lasst uns morgen darüber reden, was wir machen werden", meinte Zoe, als sie vor ihrer Hütte ankamen.

Sie verabschiedeten sich von Akito und zogen leise ihre Schuhe aus. Sie waren alle ziemlich müde und wollten nur noch ins Bett. Kyra schlief schon wieder tief und fest und hatte nicht bemerkt, dass sich Blue auf ihrem Bauch häuslich niedergelassen hatte und leise schnarchte.

Am nächsten Morgen erschienen die drei Freunde und auch Kyra später beim Frühstück, da sie länger geschlafen hatten. Ricardo, Merle und Zoe sahen trotzdem ziemlich übernächtigt aus. Als Akito die Tische abräumte und mit einem voll beladenden Tablett an ihnen vorbeikam, setzte er sich für einen kurzen Moment zu ihnen und sagte: „Das Schwert habe ich schon geholt."

Die Freunde nickten, das war gut. Ricardo war den ganzen Morgen schon sehr schweigsam und meinte nun: „Ich habe die halbe Nacht überlegt, was gestern Abend komisch war. Ich bin zuerst nicht draufgekommen, aber heute Morgen hatte ich einen Geistesblitz."

Die anderen sahen ihn gespannt an. Nur Kyra gähnte laut und sagte: „Ich hole mir lieber mal eine Cola."

Als sie außer Hörweite war, sagte Ricardo: „Irgendwie passte die Strafpredigt doch nicht zu Mieke, oder? So kennen wir sie gar nicht."

„Mieke wollte bestimmt nur sichergehen, dass es uns gut geht und wir nicht in Schwierigkeiten stecken", überlegte Merle nach einer Weile. „Schließlich ist sie ja gut mit Zoes Vater befreundet."

„Trotzdem", überlegte Zoe, „Ricardo hat recht. Sie ist sonst so lieb, da hätte sie uns doch nicht gleich so herunterputzen müssen."

Etwas ratlos blickten sie sich an. Sie beschlossen, das Thema Mieke vorerst ruhen zu lassen, und verabredeten sich lieber für den späten Vormittag an der Grabkammer, um ganz offiziell mal zu sehen, ob es irgendwelche Neuigkeiten gab.

Akito stand wieder auf und sagte: „Ich werde dafür keine Zeit haben, berichtet mir, wenn es etwas Neues gibt."

Merle schaute ihm ratlos hinterher. „Jetzt hat er schon wieder diesen distanzierten Tonfall drauf. Ich würde ja echt zu gerne wissen, was er damit meinte, als er sagte, dass er nicht die besten Erfahrungen mit Jugendlichen gemacht hat. Das klingt doch merkwürdig."

Ricardo schnaubte nur und Zoe nickte zwar, widmete sich dann aber wieder wortlos ihrem Frühstück. Sie hatte einfach keine Lust, auch noch über Akitos Verhalten nachzudenken. Als die Freunde später mit Blue im Rucksack vor der Grabanlage standen, war auch Kyra mit von der Partie. Sie hatten gerade den Eingang zur Grabkammer passiert, als Mieke hinter ihnen wie aus dem Nichts auftauchte. „Oh, da sind ja die Geheimnisträger der letzten Nacht. Und diesmal vollzählig", bemerkte sie mit einem Blick auf Kyra und Blue.

Merle stand schon vor dem Bild mit den Lotusblüten und wollte gerade mit den Fingern das Bild abtasten. Als sie Miekes Stimme hinter sich hörte, zuckte sie schnell zurück. „Wieso vollzählig?" Sie hatte gar nicht bemerkt, dass auch Akito gekommen war.

Erstaunt sahen die Freunde ihn an. Aus dem sollte mal einer schlau werden. Mieke hatte Merles ruckartige Bewegung gesehen und blickte sie neugierig an. „Es gibt übrigens gute Nachrichten", sagte sie dann, als die Freunde nichts sagten. „Wir sind hier fast fertig und werden noch heute die Grabbeigaben für die Abholung bereit machen. Morgen ist es dann schon so weit. Wir haben bereits alles fotografiert und katalogisiert, es ging viel schneller als gedacht."

Ricardo glaubte, sich verhört zu haben. So schnell sollte jetzt alles auf einmal fertig sein? Das konnte doch gar nicht sein. Aber er versuchte, sich nichts anmerken zu lassen. „Wow, das ging jetzt aber flott", sagte er stattdessen.

Mieke strahlte sie an und pustete sich eine Haarsträhne aus dem Gesicht: „Ja, es war dann doch nicht so viel, wie wir zuerst gedacht hatten. Aber ganz ehrlich ist mir auch viel wohler, wenn wir die Sachen nicht mehr hier haben. Es ist besser, wenn sie sicher verwahrt im Museum lagern und wissenschaftlich ausgewertet werden." Die Freunde nickten zustimmend. „Übrigens, habt ihr heute Morgen mitbekommen, dass die Mumie schon abgeholt worden ist?"

„Nein, da haben wir wohl noch geschlafen", überlegte Zoe.

Merle machte insgeheim drei Kreuze. Ohne Mumie war es doch gleich viel netter hier unten.

Sie sahen sich die Grabbeigaben noch mal genau an und vor allem Kyra hatte großes Interesse an dem Schmuck. Sie ließ sich von Mieke alles ganz genau zeigen und erklären. Währenddessen zog Merle ihre Freunde noch mal zu dem Wandbild mit dem Teich und den Lotusblüten. Mit funkelnden Augen sagte sie: „Hier, schaut mal, was ich entdeckt habe. Der Mechanismus ist heute Nacht betätigt worden."

„Woher willst du das denn wissen?", fragte Ricardo erstaunt. Akito sah sich die Blüten mit den roten Punkten in der Mitte noch mal genauer an. „Sie hat recht!", flüsterte er. „Die roten Punkte liegen jetzt viel tiefer in der Blüte als gestern Nacht."

Nun betrachteten auch Zoe und Ricardo die Blüten genauer. Tatsächlich, die roten Punkte lagen tiefer in den Blüten. Es war zwar nur ein kleiner Unterschied zu gestern Nacht, aber er war eindeutig. Der Mechanismus war in der Zwischenzeit ausgelöst worden. Also wusste jemand von dem Geheimgang! Aufgeregt gingen die vier nach draußen, um sich ungestört unterhalten zu können.

„Wisst ihr, was das heißt?", fragte Merle.

Die Freunde nickten. „Ja, von der Grabkammer aus kann jederzeit jemand diesen Gang betreten. Und sehr wahrscheinlich führt auch dieser Gang in das Kloster." Akito, der erstaunlich ruhig geblieben war, ergänzte leise: „Wir wissen nicht, ob Mieke mit den Grabräubern zusammenarbeitet. Ehrlich gesagt glaube ich das nicht. Aber wer auch immer den Gang entdeckt hat, wird sicher auch in Erfahrung gebracht haben, dass die wertvollen Grabbeigaben morgen schon abgeholt werden. Also wird dieser Gang ganz sicher heute Nacht für den Raub genutzt."

„Aber die Tür zur Grabanlage ist doch gesichert", meinte Merle.

„Ich bitte dich!", schnaubte Ricardo.

„Ja, okay. Wenn Akito die Schlösser so schnell öffnen konnte, wird das sicher auch jemand anderes hinbekommen." Merle überlegte weiter und meinte: „Irgendwie verlassen sich alle zu sehr auf die Wachen an den Einfahrten zum Camp."

„Das ist ja auch nachvollziehbar, sie ahnen ja nichts von den Geheimgängen. Sie denken, dass die Grabräuber mit dem Auto kommen", erwiderte Akito. „Und mal ganz ehrlich? Wie sollte überhaupt jemand diese Mengen an Grabschätzen unbemerkt abtransportieren können?"

Ricardo nickte und ergänzte. „Außer man nutzt den Geheimgang im Laufe einer Nacht und holt ein Stück nach dem anderen aus der Kammer."

„Zoe, es ist an der Zeit, deinem Vater alles zu erzählen. Er ist der Einzige, dem wir momentan trauen können", sagte Akito gerade, als Mieke und Kyra auf sie zukamen.

„Hey, warum seid ihr denn abgehauen, ohne was zu sagen?", fragte Kyra empört.

„Wir sind ja nicht deine Entertainer, oder?" Ricardo regte sich einfach nur über Kyra auf. Allein ihre Anwesenheit und ihr ständig genervter Gesichtsausdruck brachten ihn auf die Palme.

„Aber …", setzte Kyra an, als Merle sie unterbrach: „Na, hat der Schmuck dir gefallen?"

Kyra nickte nur beleidigt.

Mieke sah sie unterdessen aufmerksam an und fragte: „Ist etwas mit euch?"

„Nein, wieso?", fragte Zoe möglichst harmlos.

„Na ja, ihr seht irgendwie so verstört und sehr nachdenklich aus. Ich möchte einfach nur sichergehen, dass es euch gut geht."

Die Freunde wurden aus Miekes Worten einfach nicht schlau. Wusste sie nun etwas über die Geheimgänge und hatte sie etwas mit den Grabräubern zu tun, oder schlimmer noch, war sie eine von denen?

Nachdem sie Mieke versichert hatten, dass es ihnen gut ging, marschierten sie zurück in ihre Hütte, Kyra immer in ihrem Kielwasser. „Wo wollt ihr denn jetzt schon wieder hin? Nicht so schnell, nun wartet doch mal."

Doch die Freunde hielten nicht an, sondern gingen immer schneller. Als Kyra schnaufend und mosernd bei der Hütte ankam, saßen die anderen schon in der Küche und beratschlagten.

„Also", sagte Akito, „wir müssen Dr. Balter alles erzählen. Wir können das nicht mehr allein machen. Wir brauchen Hilfe."

„Aber warum denn?", fragte Ricardo. „Wir haben überhaupt nichts rausbekommen, weil wir von Mieke gestört wurden, als es gerade spannend wurde. Du warst doch dabei."

„Oh, wir haben sehr wohl etwas rausgefunden", widersprach Akito. „Es gibt sehr wahrscheinlich einen Mechanismus zum Öffnen der Tür, und er wurde letzte Nacht ausgelöst. Das ist ja nicht nichts."

Kyra hatte sich in der Zwischenzeit auf den einzigen freien Platz in der Küche gesetzt, einen kleinen Hocker. Sie hörte mit einem griesgrämigen Gesichtsausdruck zu und beobachtete dabei Blue, die vor ihrem frisch gefüllten Futternapf saß und ihn mit Begeisterung leerte.

„Wir müssen deinem Vater alles sagen, es geht nicht anders. Das ist nun Sache der Erwachsenen. Und Dr. Balter ist der Einzige, dem wir zu einhundert Prozent vertrauen können", sagte Akito noch mal. Die anderen sahen das mittlerweile genauso und nickten.

Nur Kyra stand auf und holte sich etwas zu trinken aus dem kleinen Kühlschrank. Dabei sagte sie: „Onkel Gregor könnt ihr aber nicht Bescheid sagen. Er ist auf dem Weg ins Museum nach Osaka."

„Wie bitte?", Zoe glaubte, sich verhört zu haben. „Davon hat er mir gar nichts erzählt."

Kyra hatte sich ein Glas mit Cola gefüllt und setzte sich wieder. „Er war auf dem Weg hierher, als er mich eben getroffen hat. Ich soll euch ausrichten, dass er über Nacht in Osaka bleibt, damit er dort zusammen mit den Leuten vom Museum alles für die Ankunft der Grabbeigaben vorbereiten kann."

„Warum hat er denn nicht Mieke dafür geschickt?", fragte sich Merle verzweifelt. „Das kann doch jetzt nicht wahr sein, gerade haben wir uns entschlossen, ihn einzuweihen, und nun ist er nicht mehr hier im Camp."

„Ihr könnt ihn doch anrufen", schlug Kyra vor.

Nach langem Hin und Her rief Zoe dann wirklich ihren Vater an. Aber schon gleich, nachdem er abgenommen hatte, merkte Zoe, dass er in einer ganz anderen Welt unterwegs war. Er hörte ihr nur mit einem Ohr zu und meinte dann, dass Mieke sich um alles kümmern werde und die Grabanlage gut gesichert sei. Morgen schon würde ja alles abgeholt werden. Und dass er sich nicht vorstellen könne, dass da jetzt noch etwas passieren würde. Dann brach die Verbindung ab. Der Anruf hatte also überhaupt nichts gebracht und sie waren genauso schlau wie zuvor.

„Wir müssen etwas unternehmen, das ist ganz klar", stellte Ricardo fest.

„Auf meinen Vater können wir aber nicht setzen", antwortete Zoe.

„Wir müssen uns etwas einfallen lassen. Wir sind uns doch einig, dass heute Nacht der große Coup stattfinden wird, oder?"

„Ja, sicher", sagte Merle.

„Mein Gott, wenn das so wichtig für euch ist, dann macht doch eine Nachtwache", sagte Kyra. „Das kann doch nicht so wahnsinnig schwierig sein."

„Ja, klar, und wenn wir einen Grabräuber treffen, schicken wir den dann zu dir und du setzt ihn dann schachmatt, oder wie jetzt?", fragte Ricardo zynisch. Kyra schnaubte nur.

„Leute", sagte Akito, „das bringt doch nichts, wenn wir uns streiten. Ich finde, dass es eigentlich eine gute Idee von Kyra ist. Wenn wir einen Grabräuber auf frischer Tat ertappen, sind wir ja klar im Vorteil. Mit uns rechnen die doch überhaupt nicht."

„Und dann holst du dein Schwert raus und haust uns raus, wolltest du das sagen?", fragte Ricardo genervt.

Akito nickte. Ricardo machte es fast wahnsinnig, dass Akito überhaupt nicht auf seine Sticheleien einging.

„Also gut", meinte Zoe. „Wir machen eine Nachtwache. Kyra bleibt hier, als unser Notanker. Wenn irgendwas passiert, kann sie Hilfe holen."

Das fanden alle eine gute Idee. Auch Kyra, denn sie hatte von den Fledermäusen gehört und legte keinen gesteigerten Wert darauf, nachts in die Grabkammer zu gehen und vielleicht dort auf ein paar Fledermäuse zu treffen. Darauf hatte sie nämlich überhaupt keine Lust. Der Anblick einer Maus ließ ihr Blut jedes Mal in Wallung geraten, und eine Maus mit Flügeln machte die Sache nicht gerade besser. Da war sie noch viel empfindlicher als Merle.

Also war die Sache beschlossen.

KAPITEL 8

EINE BÖSE ÜBERRASCHUNG

Akito hatte bis zum Abend in der Küche zu tun und kam erst später wieder in die Hütte der Freunde. Zoe hatte beschlossen, Blue wieder bei Kyra zu lassen. Das fiel ihr zwar schwer, erschien ihr aber sicherer.

„Denk dran, Kyra, wenn du bis Mitternacht nichts von uns hörst, sagst du den Leuten im Camp Bescheid“, meinte Ricardo.

„Okay, wenn ihr bis dahin nicht zurück seid, gehe ich zu Mieke“, antwortete Kyra sofort.

„Nein, wir wissen nicht, ob wir Mieke vertrauen können, besser, du gehst zu jemand anderem“, bestimmte Zoe.

„Na toll, und wer soll das bitte sein? Ich kenne doch praktisch nur Mieke.“

„Du könntest zu Tom gehen“, überlegte Ricardo.

„Ich habe aber keine Lust, mitten in der Nacht zu wildfremden Menschen zu gehen und Hilfe zu holen“, maulte Kyra.

„Tja“, erwiderte Merle. „Es wird dir aber wohl nichts anderes übrig bleiben.“

Kyra verzog sich schmollend mit Blue in die Küche, und die Freunde und Akito machten sich leise auf den Weg. Diesmal waren sie so schlau und ließen Schuhe auf der Veranda stehen. Sie hofften, dass es im schummrigen Licht der Terrassenbeleuchtung zumindest von Weiten nicht auffallen würde, dass es nicht die Schuhe waren, die sie sonst immer trugen.

Im Schutz der Dunkelheit flüsterte Merle: „Und wenn wir das hier erfolgreich erledigt haben, erzählst du uns, warum du keine Gleichaltrigen magst."

Aber Akito ließ nur ein unbestimmtes Brummen hören.

Im Gegensatz zu der letzten Nachtwanderung wurde das Mondlicht diesmal durch dichte Wolken verdeckt. Es war sehr dunkel und empfindlich kalt. Außerdem rauschte der Wind durch die Bäume und ließ die Zweige und Blätter rascheln. Vor dem Grabhügel des Gyonin-Tenno bezogen sie hinter einem dichten Busch Stellung. Akito hielt die ganze Zeit sein Schwert in der Hand. Als sie eine Stunde so verbracht hatten, klapperten alle mit den Zähnen. Es war einfach verdammt kalt. Plötzlich stöhnte Zoe auf und sagte: „Wir sind ja wirklich oberschlau! Was, wenn die Räuber vom Kloster aus zuschlagen?"

„Hmm …", meinte Akito. „Aber wie öffnen sie dann die Tür zur Grabkammer?"

„Na, du stehst doch sonst nicht so auf dem Schlauch", stichelte Ricardo. „Es kann ja jemand die Tür einen Spalt weit offen gelassen haben. Oder der Mechanismus lässt sich von beiden Seiten auslösen. Dann bräuchte man nur einmal den Weg von dieser Seite ins Kloster gefunden und irgendwie markiert haben."

Sie diskutierten eine Weile das Für und Wider dieser Theorie und beschlossen dann, näher an der Tür zu warten. Dort würden sie verdächtige Geräusche aus der Grabkammer sicher hören können. Der Wind hatte nachgelassen und rauschte ihnen nicht mehr um die Ohren, und es war so dunkel, dass man die Hand nicht vor den Augen sehen konnte. Es war also keine Gefahr, sich neben der Tür zu postieren. Es war wieder eine Weile vergangen, als ein leises Knacken im Gebüsch zu hören war. Sofort versteiften sich alle und starrten in die Dunkelheit. Sie rückten zusammen und Akito hielt sein Schwert schützend vor sie. In der Dunkelheit konnte sie mehr ahnen als sehen, dass sich der Busch vor ihnen teilte. Als das Knacken praktisch genau vor ihnen war, hielt Zoe es nicht mehr aus und zückte ihre Taschenlampe. Im schmalen Lichtkegel leuchtete das rostbraune Fell eines Fuchses auf. Kollektives Ausatmen war zu hören und Akito ließ sein Schwert wieder sinken.

„Wie viel Angst kann man eigentlich haben, bevor man ohnmächtig wird?", fragte Merle flüsternd.

Zoe kicherte leise und knipste ihre Taschenlampe wieder aus. In diesem Moment ertönte ein leises Knirschen und Scharren. „Ob der Freund vom Fuchs in der Grabhöhle eingeschlossen wurde und jetzt an der Tür kratzt?", fragte Merle.

„Nein!", erwiderte Ricardo. „Das war hundertpro die Tür vom Geheimgang."

„Ja, das glaube ich auch", meinte Akito.

„Sollen wir reingehen?" Zoe hielt die Spannung kaum aus.

„So war der Plan", erinnerte sie Akito. Leise holte er seinen Beutel hervor und noch schneller als beim letzten Mal waren die Türschlösser geöffnet. „Dann wollen wir mal." Vorsichtig drückte er die Klinke der Tür hinunter und öffnete sie leise. Mit schief gelegtem Kopf lauschte er in die Dunkelheit, aber es war nichts zu hören.

Leise gingen alle nacheinander in die Grabhöhle. Merle machte die Tür hinter sich zu und drehte sich gerade wieder um, als schleifende Geräusche in der Grabhöhle widerhallten. Außerdem flammte weiter hinten Licht auf.

„Ich fass' es nicht", flüsterte Ricardo. „Was machen wir denn jetzt?"

„Na wir schauen uns das Ganze mal näher an", erwiderte Akito mutig. Das Schwert gezückt, tappte er in der Dunkelheit dem Licht entgegen. Es wäre wohl auch alles gut gegangen, wenn er nicht über einen Stein gestolpert wäre. „Mist!"

Sofort erlosch das Licht und die Geräusche waren nicht mehr zu hören.

Akito regte sich furchtbar über sich selbst auf und lief zügig Richtung Grabkammer. Die anderen knipsten ihre Taschenlampen an und folgten ihm. In der Grabkammer erstarrten sie, die Tür zum Geheimgang war zwar verschlossen, aber die Kammer selbst war ein einziges Chaos. Die Grabbeigaben, die vorher geordnet auf ihren Abtransport gewartet hatten, waren über den ganzen Boden verteilt.

„Wahrscheinlich haben die sich die wertvollsten Sachen rausgesucht", vermutete Ricardo.

„Ja", meinte auch Merle. „Denn seht mal, der Schmuck fehlt." Das konnte doch nicht sein! Sie waren so kurz davor gewesen, die Grabräuber auf frischer Tat zu ertappen, und dann diese Pleite. Die Freunde überlegten, ob sie den Räubern folgen oder lieber Hilfe holen sollten.

„Okay", überlegte Zoe. „Wir machen es so: Merle holt Hilfe und Ricardo, Akito und ich folgen den Grabräubern."

„Auf keinen Fall lass ich euch jetzt allein", protestierte Merle.

„Es ist gleich zwölf Uhr", stellte Akito mit einem raschen Blick auf sein Handy fest. „Kyra geht jetzt sowieso Hilfe holen. Also kann Merle auch mit uns gehen."

„Also ich weiß ja nicht, mein Cousinchen ist ja nun nicht so die Obergranate, wenn es darum geht, etwas zu tun. Ich befürchte eher, dass sie eingeschlafen ist und vergisst, Hilfe zu holen."

„Leute, wir müssen uns jetzt entscheiden", drängte Ricardo.

„Wir öffnen jetzt erst mal die Tür und sehen dann weiter", entschied Zoe.

Merle suchte das Bild mit den Lotusblüten auf dem Teich und legte wieder Daumen und Zeigefinger in die Vertiefungen. Sie drückte fest zu, und mit einem leichten Seufzen schwang die Tür zum Geheimgang auf. Dunkel und nicht gerade einladend lag die schmale Öffnung vor ihnen. Akito ging zuerst hinein, die anderen folgten ihm. Mit ihren Taschenlampen leuchteten sie die Dunkelheit vor sich aus und stellten dabei fest, dass der Gang anders aussah als der des anderen Grabhügels.

„Hey, schaut mal", flüsterte Merle. „Hier gibt es an den Wänden Malereien. Also Wandmalereien. Die sehen ja wie neu aus."

Tatsächlich tauchte ein großes Wandbild nach dem anderen vor ihnen auf.

„Ich glaube, das ist der Kaiser", meinte Akito.

„Ja, aber wenn er es ist, sieht er mehr nach einer Frau aus. Ich meine, ich habe ja keinen Plan, was ein Kaiser damals so angezogen hat oder wie der Dresscode so aussah, aber nach Kleidern für einen Mann sieht mir das echt nicht aus", wunderte sich Ricardo.

Dem musste auch Akito zustimmen. „Irgendwas stimmt hier nicht, das kann nicht der Gyonin-Tenno sein. Und wenn er das hier auf den Bildern nicht ist, kann es ja logischerweise auch nicht sein Grab sein."

„Das passt doch alles nicht zusammen", flüsterte Zoe. „Und wozu braucht ein Kaiser Schmuck und einen kleinen zierlichen Spiegel?"

„Na ja", überlegte Merle, „vielleicht war der Kaiser sehr eitel. Das könnte doch sein. Guck dir mal die europäischen Adligen im Barock an. Und was ein Kaiser damals so anzuziehen hatte, wissen wir ja wirklich nicht."

Akito blieb vor einem besonders detailgetreuen Wandbild stehen und betrachtete es völlig fasziniert. Die anderen gingen derweil schon weiter. Sie konnten sich keinen Reim auf die Bilder machen, aber sie hatten keine Zeit zu verlieren, sie mussten nachschauen, wohin die Räuber verschwunden waren.

Als Akito sich endlich von dem Bild losriss, war schon keiner mehr zu sehen. Sie waren hinter einer Biegung des Ganges verschwunden. „Hey, wo seid ihr denn? Wartet doch mal." Eilig lief er los, aber schon nach wenigen Schritten blieb er abrupt stehen. Dunkelheit breitete sich vor ihm aus, dabei müsste der Gang doch durch die Taschenlampen der anderen erhellt werden. Irgendwas stimmte nicht. Warum antworteten sie ihm nicht? „Hallo?" Sie mussten ihn doch hören! Ein gurgelndes Geräusch riss ihn aus seinen Gedanken. Akito fühlte, wie sich seine Nackenhaare aufstellten, und intuitiv hielt er das Schwert wieder hoch. Dann war ein Scharren und Poltern zu hören, so als würde jemand mit aller Kraft gegen die Wand des Geheimganges treten. Da, jetzt stöhnte jemand leise vor Schmerz auf. In diesem Moment war er sich sicher, dass da etwas ganz gewaltig nicht stimmte. Sein Herz schlug ihm bis zum Hals und so schnell er konnte, drehte er sich um und rannte zurück. In seinem Kopf war nur ein Gedanke: Er musste Hilfe holen, denn die anderen steckten in Schwierigkeiten. In ganz gewaltigen Schwierigkeiten!

Zoe zuckte vor Schreck zusammen und versuchte, sich zu wehren, als sich wie aus dem Nichts plötzlich eine Hand auf ihren Mund legte und ein Arm sie von hinten fest umklammerte. Sie wollte laut um Hilfe schreien, aber es kamen nur gurgelnde Geräusche aus ihrem Mund. Sie wehrte sich und kämpfte wie eine Wildkatze, aber es war hoffnungslos. Aus den Augenwinkeln konnte sie sehen, dass es ihren Freunden nicht besser ging. Als ihr ein Stück Klebeband grob über den Mund gepresst wurde, dachte sie, dass das jetzt nicht wahr sein konnte. Das konnte doch unmöglich in echt passieren, das musste ein Traum sein, ein Albtraum. Aber sie träumte nicht.

Sie hörte die Stimme von Akito, der nach ihnen rief. Sie wollte ihn warnen, aber durch das Klebeband gelangten nur gurgelnde Laute. Wie wild trat sie um sich und stöhnte vor Schmerz, als ihre Füße die Wand des Ganges trafen. Einmal musste sie auch einen der Räuber getroffen haben. An den Armen wurde sie grob weiter durch den Gang gezogen. Ihr wurde schwindelig, weil sie durch die Nase zu wenig Luft bekam. Und dann wurde ihr wirklich schwarz vor Augen und sie verlor das Bewusstsein. Als sie die Augen wieder aufschlug, wusste sie zuerst gar nicht, was passiert war und wo sie war. Panik stieg in ihr auf, aber dann, als sich ihr verschwommener Blick klärte, sah sie Ricardo und Merle vor sich. Sie waren an Händen und Füßen gefesselt und saßen auf zwei klapprigen Stühlen. Zoe sah an sich hinunter. Auch sie war gefesselt. Ihre Handgelenke brannten wie Feuer. „Was ist passiert?", fragte sie ihre Freunde. „Wo sind wir hier?"

„Diese f-fiesen Typen haben uns überfallen und hierhergeschleppt."

Jetzt fiel es Zoe langsam wieder ein. Zumindest klebte der eklige Klebefilm nicht mehr vor ihrem Mund. Merle weinte leise vor sich hin. Zoe hätte sie gerne getröstet, aber selbst ihr fiel in diesem Moment nichts Tröstendes ein. „Was ist das für ein Raum hier?", fragte sie deshalb.

„Ich w-weiß es nicht", antwortete Ricardo. „Die Grabräuber haben kein Wort mit uns gesprochen, sie haben einfach ihre Klappe gehalten. Außerdem haben wir uns riesige Sorgen um dich gemacht, Zoe. Du bist nämlich schon im Gang in Ohnmacht gefallen. Die Räuber mussten dich hierher schleifen. Sie waren nicht sehr begeistert darüber und haben die ganze Zeit geflucht. Als sie uns das Klebeband abgenommen hatten, haben Merle und ich um Hilfe geschrien, aber die Schurken haben nur über uns gelacht. Ich habe sie angebrüllt, was das soll, wo sie uns hingebracht haben und was sie von uns wollen."

„Ja", sagte Merle. „Es war echt unheimlich, denn sie haben nur gelacht, aber nichts gesagt. Sie haben die Fragen nicht beantwortet. Ich hatte höllische Angst. Und du, Zoe, hingst auf deinem Stuhl wie ein Schluck Wasser in der Kurve. Ich hatte echt Angst, dass du da runterkippst."

Was Zoe da zu hören bekam, hörte sich nicht gut an. Was wollten diese Männer von ihnen und warum hatten sie sie hierhergebracht? Fragen über Fragen. „Sitzen eure Fesseln auch so fest?", fragte Zoe.

„Ja, die tun ganz schön weh."

Das sah wirklich alles überhaupt nicht gut aus. Zum Glück hatten die Männer zumindest das Licht angelassen. Es war zwar nur eine Glühbirne, die mehr schlecht als recht ihr spärliches Licht verbreitete, aber immerhin besser, als in völliger Dunkelheit zu sitzen. Aber da kam Zoe plötzlich ein ganz anderer Gedanke. „Wo ist eigentlich Akito? Ist er den Entführern entkommen?"

„Sieht so aus", brummte Ricardo. „Es scheint, dass er Glück gehabt hat."

„Er wird sicher Hilfe holen." Zoes Stimme klang etwas zuversichtlicher.

„Vielleicht ist *er* aber auch der Komplize im Camp", überlegte Ricardo.

„Nein", sagte Merle mit Nachdruck. „Ich bin mir sicher, dass er es nicht ist."

„Ja, aber überleg doch mal. Schließlich war er von Anfang an so komisch."

Zoe wackelte auf ihrem Stuhl herum und meinte: „Hm, ich weiß nicht, das passt irgendwie nicht zusammen." In diesem Moment fing die Glühbirne an zu flackern. „Oh bitte weiterleuchten", bat Zoe.

„Wie war das?“, fragte Ricardo. „Das Göttliche in allem und jedem sehen?“

„Jetzt lass das“, forderte Merle ihn mit ungeduldiger Stimme auf. „Wir haben jetzt andere Sorgen.“ Eine Weile blieb es still, dann flüsterte Merle: „Ich vertraue Akito und seinem Urteilsvermögen. Außerdem ist Kyra ja auch noch da.“

„Na klar und die mutige Kyra wird uns ganz sicher auch hier rausholen“, spottete Ricardo.

Aber Merle hatte recht, je mehr Leute wussten, dass sie in der Grabkammer unterwegs gewesen und nicht mehr zurückgekehrt waren, umso besser.

„Mir ist so kalt“, sagte Merle nach einer Weile mit zitternder Stimme. Die Felswände verrieten, dass sie irgendwo unter dem Kloster gefangen gehalten wurden. Und hier unten war es wirklich sehr kalt. Es war eine hoffnungslose Lage. Die nächste Zeit sprachen sie nicht viel, jeder der drei hing seinen eigenen Gedanken nach.

Irgendwann sagte Merle: „Kommt, lasst uns beten.“ Ricardo und Zoe nickten matt und Merle fing an: „Lieber Gott, ich bitte dich, halte deine schützenden Hände über uns. Hilf uns aus dieser ausweglosen Situation heraus. Sei ein Leuchtfeuer und zeige uns den Weg.“ Merle schluchzte leise. „Lieber Gott, ich bitte dich …“

Irgendwann dämmerte Zoe ein. Sie träumte von Blue und ihrem wunderschönen Maunzen. Aber was war mit ihrer Katze los? Das Maunzen wurde immer lauter und fordernder. Zoe wusste gar nicht, dass Blue so laut miauen konnte. Sie zuckte aus dem Schlaf hoch und blickte zu Ricardo und Merle und fragte ganz aufgeregt: „Habt ihr das auch gehört?“

„Nein, ich nicht, du Merle?“ Aber auch Merle hatte nichts gehört.

„Psst!“, zischte Zoe. „Da ist es wieder.“

Tatsächlich, nun hörten es auch die anderen. Was konnte das sein?

Akito raste, so schnell er konnte, durch den dunklen Gang. Um nicht irgendwo gegenzustoßen, streckte er eine Hand tastend vor sich aus. Mit der anderen umklammerte er noch immer sein Schwert. Er hatte nur noch ein Ziel: Die Grabräuber durften ihn nicht zu fassen kriegen. „Bitte, bitte, lass die Tür noch offen sein", flehte Akito. Plötzlich ertasteten seine Hände einen Vorsprung, er war an der Öffnung angelangt. Bevor er den Gang verließ, drehte er sich um, denn er meinte, etwas gehört zu haben. Und tatsächlich, er konnte ganz deutlich Schritte hören, die sich ihm rasch näherten. Und weiter hinten konnte er sogar einen tanzenden Lichtschein im Gang erahnen, der auf ihn zukam. Und das sah nicht nach seinen Freunden aus!

Mit einem kleinen Schreckensschrei hastete er durch die Türöffnung und schob mit aller Kraft die schwere Steintür hinter sich zu. Mit einem Donnern verriegelte sich der Durchlass, und Akito hoffte inständig, dass sich der Mechanismus nicht doch von innen öffnen ließ.

Er sprintete durch die Grabanlage und wäre wieder fast gestolpert. Im letzten Moment konnte er sich fangen. Als er an der Tür ankam, riss er sie förmlich auf und verschwendete keine Zeit mit dem Abschließen. In rasender Geschwindigkeit lief er geradewegs zu der Hütte seiner Freunde.

Schon von Weitem sah er Kyra, die mit Blue im Rucksack auf der Veranda stand und unruhig mit den Füßen auf und ab wippte. Als sie ihn sah, rannte sie auf ihn zu und hielt Blue dabei mit einer Hand fest. Akito hätte nicht gedacht, dass sie so schnell laufen konnte. „Was ist los, wo sind die anderen?", fragte sie atemlos, als sie bei ihm ankam.

Akito verlor keine Zeit und sagte nur: „Komm mit, ich erzähle dir alles unterwegs."

Kyra regte sich furchtbar auf, als sie hörte, dass die anderen wahrscheinlich in der Gewalt der Grabräuber waren. „Wieso bist du weggelaufen und hast sie nicht mit deinem Schwert beschützt?", fragte sie vorwurfsvoll.

„Weil das nichts gebracht hätte. Da bin ich mir ganz sicher. Hilfe zu holen, war die bessere Entscheidung."

„Wohin laufen wir denn jetzt? Ist es nicht besser, Zoes Vater anzurufen und ihm alles zu erzählen?" Kyra keuchte mittlerweile, aber das war auch nicht verwunderlich, schließlich musste sie auch das Gewicht der Katze tragen.

„Es ist mitten in der Nacht, wahrscheinlich geht er gar nicht an sein Telefon. Nein, wir müssen Mieke wecken", sagte Akito mit Bestimmtheit.

Kyra stutzte und fragte schnaufend zwischen zwei Atemzügen: „Aber ich dachte, ihr seid euch unsicher, ob sie nicht doch etwas mit den Räubern zu tun hat. Was ist mit diesem Tom? Ich dachte, dem sollte ich Bescheid geben."

„Ich bin mir absolut sicher, dass Mieke nichts mit den Grabräubern zu schaffen hat. Ich kenne sie ja schon eine Weile länger als ihr. Mein Bauchgefühl sagt mir, dass wir ihr vertrauen können." Damit war er bisher immer gut gefahren. Aber was, wenn er sich diesmal täuschte?

KAPITEL 9

AUF BLUE IST VERLASS

Nach heftigem Klopfen erschien eine sichtlich verschlafene Mieke an der Tür, die sich mit einer Hand die Haare aus dem Gesicht strich. In diesem Moment sah sie so gutherzig aus, dass auch Kyra spontan beschloss, ihr zu vertrauen.

Akito fackelte nicht lange, sondern setzte alles auf eine Karte. In Kurzform erzählte er von ihren Erlebnissen und von der Entführung der anderen.

Mieke wurde leichenblass und murmelte: „Gar nicht gut, das ist alles gar nicht gut! Ich rufe jetzt die Polizei an und danach Gregor." Aber leider war das alles etwas langwierig. Dr. Balter ging wie erwartet nicht an sein Telefon, und die Polizei reagierte nur sehr schwerfällig. Immerhin wollte die Dienststelle in Nara einige Beamten ins Camp schicken.

Da Mieke ahnte, dass das länger dauern konnte, sagte sie entschlossen: „Ich werde jetzt ganz sicher nicht hier tatenlos herumsitzen und warten, bis Hilfe kommt. Wenn die anderen entführt wurden, werden sie sicherlich nicht in dem Gang festgehalten, sondern irgendwo anders. Sie würden sonst nur im Weg herumstehen, denn die Grabräuber wollen ihr Werk sicher vollenden und den Rest der Grabbeigaben auch noch mitgehen lassen. Wer weiß, wo sie gefangen gehalten werden. Van der Velde und seine Helfersleute sind nicht wegen ihrer Liebenswürdigkeit so erfolgreich, sondern weil sie besonders skrupellos vorgehen und auch vor Gewalt nicht zurückschrecken. Das ist leider die Erfahrung der letzten Jahre." Mieke ging vor Aufregung auf der Veranda auf und ab und schien mehr mit sich selbst als mit Akito und Kyra zu sprechen. „Weiß Gott, was denen vielleicht noch so einfällt. Nein, ich muss sie finden, das bin ich allein schon Gregor schuldig."

Akito und Kyra sahen Mieke fassungslos an. Sie versuchten zu begreifen, was sie erzählt hatte. Das hörte sich ja so an, als wenn sie die Grabräuber kennen würde.

Mieke sah die verwirrten Gesichtsausdrücke der beiden und beeilte sich zu erklären: „Dieser Grabraub geht ganz sicher auf das Konto des Professors. Als Gregor mir gesagt hat, dass er ihn in Nara getroffen hatte, hätte ich ihm erzählen sollen, dass ich mittlerweile nicht nur für die Wissenschaft arbeite, sondern auch für eine große internationale Organisation, die sich dem Kampf gegen den Grabraub verschrieben hat. Und van der Velde ist einer der ganz Großen auf diesem Gebiet."

Mieke hatte ohne Punkt und Komma geredet und musste erst mal Luft holen. In diesem Moment fing Blue wieder an, heftig in ihrem Rucksack herumzuzappeln, und versuchte mit aller Macht, sich hinaus zu zwängen. „Hey!", rief Kyra. „Lass das, bleib gefälligst hier."

„Sie spürt, dass etwas nicht stimmt", meinte Akito. Dann hatte er auch noch ganz andere Gedanken zu dem, was Mieke ihnen erzählt hatte, und sagte: „Deshalb warst du auch so interessiert an dem, was Merle herausgefunden hat."

„Ja, das stimmt." Mieke nickte zustimmend. „Natürlich war ich mir nicht sicher, ob sie wirklich wusste, dass sie einen Mechanismus für die Öffnung zu einem Geheimgang entdeckt hatte, aber ich ahnte, dass ihr mehr wisst, als ihr mir sagen wolltet. Vor allem, nachdem ich euch nachts vor der Grabanlage getroffen habe. Aber ich wollte euch auch nicht unter Druck setzen. Ich hatte meiner Institution schon Bescheid gegeben, was für Schätze wir hier entdeckt haben, und auch, dass es sehr wahrscheinlich einen Geheimgang gibt."

Mieke erklärte weiter, dass sie in Absprache mit ihren Leuten zu dem Schluss gekommen war, dass die Tür sicher nur von der Grabkammer aus geöffnet werden konnte und nicht von der anderen Seite. Es wurden schon öfter Geheimgänge in diversen Grabhügeln an ganz unterschiedlichen Stellen in Japan gefunden. „Nach den Informationen, die ich habe, dienten sie aber immer nur dazu, dass die Seele aus der Grabkammer entweichen konnte, nicht aber dazu, dass jemand von außen in die Kammer gelangen konnte. Deshalb war ich mir auch so sicher, dass die Tür zur Grabanlage durch die angebrachten zusätzlichen Schlösser gut gesichert ist. Aber da habe ich mich wohl gründlich geirrt", stellte sie enttäuscht fest. „Ich hätte Gregor beknien müssen, Nachtwachen aufzustellen, dann wäre das alles nicht passiert." Mieke hielt kurz inne. „Und es muss jemanden im Camp geben, der mit den Grabräubern zusammenarbeitet."

Akito sah zerknirscht zu Boden. Schließlich waren die anderen zu demselben Schluss gekommen und hatten Mieke verdächtigt. Mieke deutete seinen Blick richtig und meinte: „Sag mir, dass das jetzt nicht wahr ist. Ihr habt wirklich mich verdächtigt?"

Ein großer Schwarm Tiere huschte dicht über ihnen hinweg und Kyra zuckte leicht zusammen. Mitten in der Nacht flogen keine Vögel, also konnten das definitiv nur Fledermäuse sein. Langsam hatte sie genug von der ganzen Situation. Eine wild strampelnde Blue im Rucksack, langatmig redende Leute vor ihr und jetzt auch noch eine ganze Menge Fledermäuse über ihr. „Sagt mal, können wir jetzt vielleicht zur Sache kommen, oder wollt ihr die ganze Nacht hier rumstehen und reden? Vielleicht sollten wir lieber mal überlegen, wie wir die anderen retten können."

Akito sah sie erstaunt an.

„Was denn?“, fragte Kyra. „Mieke hat doch selbst gerade gesagt, dass es eine ganze Weile dauern kann, bis die Polizei kommt. Ich möchte das Ganze mal geklärt haben und mich wieder entspannen können. Das nervt total, diese ganze abgefahrene Situation.“

Mieke lachte leise: „Kyra hat recht, wir müssen jetzt sofort etwas unternehmen. Wir können nicht abwarten. Wer weiß, wann die Polizei kommt.“

„Dann haben wir nur eine Möglichkeit“, überlegte Akito. „Wir müssen vom Kloster aus mit der Suche starten.“

„Nein, das ist viel zu gefährlich“, antwortete Mieke. „Außerdem machen wir einen Höllenlärm, wenn wir an der Pforte klingeln und um Einlass bitten. Bis wir den Abt so weit haben, dass er uns Eintritt gewährt, vergeht einfach zu viel Zeit. Außerdem bin ich mir gar nicht so sicher, ob er uns überhaupt zu dieser Uhrzeit hineinlässt. Nein, wir müssen jetzt durch den Gang gehen und die anderen suchen. Die Polizei weiß Bescheid, und auf dem Handy von Gregor habe ich eine Nachricht hinterlassen.“

„Aber“, sagte Kyra ängstlich, „du hast doch vorhin gesagt, dass die Grabräuber auch den Rest der Beute holen werden …“

„Ganz genau“, sagte Mieke grimmig. „Deshalb werden wir auch den anderen Geheimgang nehmen.“

Jetzt war Kyra völlig verwirrt. Und Akito fragte sich, woher Mieke von dem anderen Gang wusste. Mieke nickte ihm zu und erklärte dann in kurzen Sätzen, dass sie den anderen Gang leider erst nach dem Raub der Haniwas entdeckt hatte. Sie war erstaunt, als sie hörte, dass die drei Freunde schon durch diesen Gang bis zu der Sicherheitstür gegangen waren, und dass sie dachten, dass man dadurch sicher auch ins Kloster gelangte. Während Kyra eine Weile brauchte, um alle Informationen zu verarbeiten, meinte Mieke: „Ja, der Gang führt ganz sicher ins Kloster. Alles andere würde keinen Sinn ergeben. Normalerweise enden diese Gänge nach kurzer Zeit unter einer Gruppe von Bäumen oder einem besonderen Felsen. Also unter irgendeinem schönen Stück Landschaft. Das Ende des Ganges wurde immer gut verbarrikadiert und mit Erde bedeckt. Er war praktisch unsichtbar. Aber wenn in der Nähe der Grabanlagen ein buddhistisches Kloster steht, ist es nachvollziehbar, dass die Gänge dorthin führen. Deshalb werden wir es über diesen Gang probieren."

„Aber die neue Kellertür lässt sich nur von der anderen Seite aus öffnen. Die anderen standen ja schon von beiden Seiten davor und kamen nicht weiter. Im Gewölbekeller fehlte ihnen der Schlüssel, aber auf dieser Seite war erst gar kein Schlüsselloch."

„Mist, das stimmt, das ist aber auch zum Verrücktwerden."

„Das eine Ende lässt sich nur vom Kloster aus öffnen und das andere nur von der Grabkammer aus. Das ist doch völlig bescheuert", überlegte Kyra.

„Schlaues Mädchen", brummte Akito.

„Okay, nun wird es schwierig", meinte Mieke.

„Es gibt da noch eine andere Lösung", erklärte Akito zögerlich. Ihm fiel nämlich ein, was die anderen von ihrer Flucht aus dem Kloster erzählt hatten. Mieke sah ihn neugierig an und so erzählte er von dem Abenteuer der anderen und Blue, die ihnen den Weg nach draußen gezeigt hatte. Mieke war aufgrund dieser neuen Informationen völlig euphorisch, aber Akito gab zu bedenken, dass er ja nicht dabei gewesen war und deshalb nicht wusste, wo der Einstieg war.

Mit einem Blick zum Himmel sagte Mieke: „Es ist Vollmond, und mittlerweile sind keine Wolken mehr am Himmel. Der Mond geht bald auf und dann wird es richtig hell. Ein Höhleneingang müsste sich dann sehr dunkel vor dem hellen Kalkstein abgrenzen.

Das ist immerhin eine Chance und wir können es uns nicht leisten, diese nicht zu nutzen." Nach kurzer Überlegung sagte sie: „Ich probiere es. Kyra, du gehst nach Hause und hältst die Stellung. Akito, du zeigst mir ungefähr die Stelle, an der du denkst, dass die anderen aus der Höhle gekommen sein könnten. Ich werde schauen, ob ich den Eingang finde. Aber vorher hole ich meinen Revolver." Als sie kurz darauf mit der Waffe in der Hand wieder aus der Tür kam, staunte Akito. „Wonderwoman bezieht sich wohl nicht nur auf deine technischen Fähigkeiten."

Mieke lächelte leicht. „Auf gehts."

„Ich komme mit. Ich habe mein Schwert und zu zweit ist es sicherer", sagte Akito bestimmt.

„Von wegen zu zweit", protestierte Kyra. „Blue und ich kommen auch mit."

Nachdem Mieke eingesehen hatte, dass hier nichts mehr zu machen war und die beiden ihre Meinung auf keinen Fall ändern würden, willigte sie ein. Auf dem Weg zum Kloster war es zum Glück noch dunkel. Als sie bei dem alten Grabhügel vorbeikamen, hatte Mieke die Idee, dessen Geheimgang zumindest zu öffnen. „Nur zu Sicherheit", erklärte sie. „Falls wir einen Fluchtweg aus dem Kloster brauchen."

„Lasst uns einen großen Stein oder am besten gleich mehrere suchen. Die legen wir dann vor die geöffnete Tür. Dann ist sie auf jeden Fall noch offen, wenn wir den Gang nutzen müssen", schlug Akito vor. Gemeinsam suchten sie ein paar große Steinbrocken und schleppten sie in die Grabanlage und weiter bis in die Grabkammer.

Als Akito den Eingang gekonnt öffnete und die schwere Steintür sich schnarrend öffnete, bekam Kyra kugelrunde Augen. „Wow, das ist der Hammer", flüsterte sie. Aber direkt danach stieß sie einen kleinen Schrei aus, denn viele kleine schwarze Schatten flogen dicht über ihren Kopf hinweg und suchten sich den Weg nach draußen.

„Fledermäuse", sagte Mieke nur, als wären sie das Selbstverständlichste der Welt. Kyra fand das allerdings überhaupt nicht selbstverständlich und schimpfte leise vor sich hin. Krampfhaft versuchte sie, nicht nach oben zu schauen. Nur Blue war wieder sehr interessiert und hörte sogar auf zu zappeln.

„Jetzt müssen wir aber wirklich los", meinte Mieke. Gut, dass sie den Weg zum Kloster kannte, denn in der Dunkelheit erkannte man den Pfad praktisch überhaupt nicht, und Akito fragte sich, wie sie sich trotzdem zurechtfand. Sie musste die Augen einer Katze haben. Aber Mieke steckte voller Überraschungen, denn es schien, dass sie seine unausgesprochene Frage gehört hatte. „Ich habe schon für viele Versicherungen im Ausland gearbeitet. Meistens ging es um seltene Grabschätze. Ich habe eine gute Ausbildung durchlaufen und auch Kurse in der Orientierung im Gelände und allem, was dazu gehört, gehabt. Ich kenne mich gut aus, wir finden den Eingang, keine Sorge, ich bin mir da ganz sicher."

Zu ihrer Unterstützung ging der Mond hinter den Hügeln auf und tauchte die Landschaft vor ihnen in ein fahles Licht. Als das Kloster in ihrem Blickfeld auftauchte, ließ sich Mieke noch mal kurz die Geschichte von der Flucht aus dem Kloster erzählen. Auch die winzigste Kleinigkeit konnte jetzt wichtig für sie sein. Akito kramte in seinem Gedächtnis und erzählte alles, was er wusste. „Hm, das ist nicht viel", sagte Mieke. „Aber wir werden den Eingang finden. Das hab ich im Gefühl."

Blue veranstaltete mittlerweile wieder einen ganz schönen Zirkus und versuchte, aus dem Rucksack zu krabbeln. „Diese Katze macht mich noch wahnsinnig", stöhnte Kyra.

„Vielleicht muss sie mal", meinte Akito.

Kyra sah ihn zweifelnd an, aber dann holte sie die zappelnde Blue aus dem Rucksack, auf Katzenpipi auf ihrem Bauch hatte sie nämlich überhaupt keine Lust. Aber kaum hatte Blue Boden unter den Pfoten, schoss sie wie eine Granate davon. „Und wie sie muss", sagte Kyra ironisch.

„Mist", entfuhr es Mieke. Alle drei konnte nur zusehen, wie ein kleiner Schatten in der Nacht über die hellen Felsen sprintete. Es sah aus, als hätte Blue Flügel statt Pfoten. Aber plötzlich verschwand die Katze und war nicht mehr zu sehen.

„Oh nein, wo ist sie denn jetzt hin?", fragte Kyra. „Zoe macht mich zur Schnecke, wenn ich ihre Katze nicht wieder mit nach Hause bringe. Hätte ich sie doch bloß zu Hause gelassen. Oder besser noch, hätte Zoe sie doch lieber in Deutschland gelassen und sie gar nicht mit nach Japan genommen."

Während Kyra jammerte, schaute sich Mieke genau um. „Wisst ihr was?", fragte sie. „Ich glaube, Blue hat Witterung aufgenommen. Bestimmt ist sie in die Höhle gelaufen."

Akito sah sie skeptisch an. „Ich dachte, das machen nur Hunde."

Aber Mieke erklärte, dass Katzen meistens völlig unterschätzt werden und sie einen ausgeprägten Geruchs- und Orientierungssinn haben. „Sie stehen den Hunden in nichts nach. Im Gegenteil, ich glaube, dass sie noch mehr können als Hunde. Manchmal scheint es mir, dass sie noch einen zusätzlichen Sinn haben." Nun schauten beide sie äußerst skeptisch an. „Ist ja jetzt egal!" Mieke hob beschwichtigend die Hände. „Kommt, wir folgen Blue."

Das war einfacher gesagt als getan, denn sie konnten die Katze nirgendwo mehr sehen, und die Kraxelei über die Felsen war auch nicht gerade einfach. Als sie schon die Hoffnung aufgeben wollten, hörten sie ein leises Maunzen. Tatsächlich: Da stand doch eine stolze Blue mit hocherhobenem Kopf und aufgerichtetem Schwanz vor einer dunklen Öffnung. Ihr Schatten vor dem hellen Felsen war viel größer als Blue selbst, und Akito fand, dass sich da eher die Umrisse einer kleinen Löwin zeigten.

„Sie hat ihn gefunden, unglaublich, aber Blue hat den Eingang gefunden", staunte Kyra und wollte die Katze wieder in den Rucksack setzen. Aber Blue war schneller und huschte in die Höhle hinein.

Kyra schimpfte leise, aber Mieke meinte: „Lass sie, sie findet sicher auch den richtigen Weg zu den Geheimtüren, denn schließlich ist sie hier schon einmal gewesen. Sie geht jetzt nur den umgekehrten Weg und folgt praktisch ihrer eigenen Spur zurück. Das ist ein Kinder-, ähm, ich meine, ein Katzenspiel für sie." Da es in der Höhle stockdunkel war, zog Mieke zwei kleine Taschenlampen aus der Hosentasche. Eine gab sie Kyra in die Hand. Auch Akito kramte seine Taschenlampe raus. So konnten sie genug sehen. „Achtung", rief Mieke sofort. „Hier geht es steil abwärts. Wir müssen klettern." Sie half zuerst Akito hinunter, dann folgte Kyra, die dabei die ganze Zeit ächzte und stöhnte. Danach kletterte Mieke mit katzenhafter Leichtigkeit den Felsen hinunter und suchte nach Blue. Die Augen der Katze leuchteten im Lichtkegel auf.

„Da ist sie", rief Kyra. „Sie wartet auf uns."

Mieke lief voraus, und immer, wenn Blue hinter einer Biegung verschwunden war und sie schon dachte, sie hätten die Katze verloren, wartete diese ungeduldig und mit peitschendem Schwanz auf sie. Wirklich erstaunlich, wie schnell eine Katze laufen konnte.

„Ob sie wohl weiß, worum es hier geht?", fragte Kyra leise.

„Quatsch", antwortete Akito. „Ich liebe Tiere, echt, aber die können doch nicht denken, sie folgt einfach nur ihrer eigenen Spur zurück. So wie Mieke es gesagt hat."

Aber Mieke meinte nur dazu: „Tiere und besonders Katzen können mehr, als wir uns vorstellen können."

Akito zog es vor, darauf nicht zu antworten. Als sie eine Weile unterwegs waren, weitete sich der Gang zu einer großen Höhle. Schon zuvor waren rechts und links immer wieder kleinere Gänge abgezweigt, aber in der Höhle waren Abzweigungen noch und noch.

„Oh nein!", stöhnte Akito. „Wie soll sie den richtigen Weg finden? Das ist doch mega kompliziert."

Aber Blue ließ sich nicht beirren und folgte sicher und zielstrebig einer Spur, die nur sie selbst sehen oder besser gesagt riechen konnte.

Ein Flattern über ihnen ließ Kyra wieder erschauern und sie verkniff es sich, mit ihrer Taschenlampe nach oben zu leuchten. Sie konnte sich denken, was da oben los war, und sie hatte kein gesteigertes Interesse daran, sich davon auch bildlich zu überzeugen.

Blue wurde derweil immer aufgeregter und fing leise an zu maunzen. „Wir müssen jetzt ganz leise sein, ich glaube, wir nähern uns einem kritischen Punkt."

„Sag das mal der Katze", brummte Akito leise, war dann aber still.

Kyra hätte gerne gewusst, was für einen kritischen Punkt Mieke meinte, traute sich aber nicht zu fragen. Stattdessen umklammerte sie nur fest ihre Taschenlampe. Die Höhle hatte sich wieder zu einem Gang verengt, und Blue verschwand mal wieder im Taschenlampenlicht hinter einer Biegung. Aber was war das? Hinter der Biegung wartete keine Blue auf sie. Sie schien wie vom Erdboden verschwunden zu sein. „Wo ist sie hin?", fragte Kyra eine Spur zu laut.

„Pscht, ich glaube, wir sind gleich da."

In diesem Moment hörten sie ein lautes und forderndes Maunzen aus einer Ecke. Mieke leuchtete und tatsächlich, da saß Blue und kratzte an einer Tür.

„Mieke, da vorne ist eine Tür. Ob die anderen dahinter sind?", fragte Akito.

„Ich weiß es nicht. Seht mal, die Tür ist mit einem Schloss verriegelt", meinte Kyra. Sie ging hin und wollte gerade an die Tür klopfen, als Mieke sie am Arm festhielt.

„Nicht so schnell, wir müssen erst mal die Lage checken. Es könnte ja auch eine Falle sein." Vorsichtig legte Mieke ihren Kopf seitlich an die Tür und lauschte. „Ich kann nichts hören."

„Vielleicht hat Blue sich auch geirrt, und wir sind an der falschen Stelle", überlegte Akito enttäuscht.

„Das kann ich mir nicht vorstellen. Warum sollte sie genau hier stehen bleiben und miauen? Nein, Blue weiß etwas, das wir nicht wissen. Schaut sie euch doch an. Sie scheint sich ganz sicher zu sein."

Tatsächlich, Blue stellte sich auf ihre Hinterläufe und fing mit den Vorderpfoten an, gegen die Tür zu trommeln und gleichzeitig herzzerreißend zu miauen. Auch Akito musste zugeben, dass das kein normales Verhalten für eine Katze war. Irgendetwas war hinter dieser Tür. Während sie noch überlegten, drang ein leises Geräusch aus dem Raum. Und dann folgte eine leise Frage: „Blue?"

Mit einem Satz sprang Akito zur Tür und rief: „Zoe, wir sind hier. Geht es euch gut?"

Plötzlich waren auch Ricardo und Merle zu hören. Sie sprachen alle drei vor Aufregung durcheinander: „Wer ist ‚wir'?" „Wir sind hier gefangen, holt uns hier raus." „Wir sind gefesselt, bitte befreit uns."

Zur Sicherheit fragte Mieke. „Seid ihr allein?"

„Ja!", tönte es sehr deutlich und klar von innen.

Akito hatte sein Dietrich-Set noch immer dabei, und in Nullkommanix hatte er die Tür damit geöffnet. Mieke ging zuerst hinein und vor Schreck blieb sie schon nach einem Meter stehen. „Oh nein, das ist, das ist ja furchtbar", flüsterte sie. Aber dann gab sie sich einen

Ruck und zückte ein Messer, um die Fesseln durchzuschneiden. Aber bevor sie die drei erreicht hatte, war Blue bereits durch ihre Beine hindurchgeflitzt und rieb zärtlich ihren Kopf an Zoes Beinen.

„W-wie habt ihr uns gefunden?", fragte Ricardo ganz aufgeregt.

Nun traten auch Akito und Kyra durch die Tür. Kyra hielt sich die Hände vor den Mund, so erschüttert war sie von dem Anblick. Sie stand wie gelähmt vor den anderen und konnte sich für einen Moment nicht rühren, bis Akito sie anstieß und meinte: „Komm, wir helfen Mieke." Er holte auch ein Messer aus der Hosentasche und schnitt Ricardo frei. Sein Schwert erschien ihm zu scharf und zu gefährlich, um eng sitzende Seile an Handgelenken zu durchtrennen.

Zoe rieb sich ihre Hände und fluchte leise: „Diese Verbrecher, sie haben die Fesseln ganz schön festgezogen."

Als Merle frei war, wollte sie Mieke vor Freude und Erleichterung um den Hals fallen, aber ihre Beine waren ganz steif und funktionierten nicht, wie sie sollten. Mieke konnte sie im letzten Moment auffangen. „Hoppla."

Ricardo hatte sich bei Akito bedankt und wiederholte nun seine Frage: „Wie um Himmels willen habt ihr uns gefunden?"

„Blue hat euch gefunden", sagte Kyra, die aus ihrer Erstarrung erwacht war.

Zoe hatte ihre Katze bereits auf den Arm genommen und vergrub ihre Nase in dem seidigen Fell. Man hörte nur das obligatorische „Danke" und zärtliches Gemurmel. Ricardo war immer wieder erstaunt, wie viele Koseworte man für eine Katze erfinden konnte, sagte aber nichts. Er war einfach nur froh, die Fesseln los zu sein und die anderen zu sehen.

Mieke hatte hingegen ganz andere Gedanken, sie wollte so schnell wie möglich wieder zurück ins Camp. Die Freunde zu finden, war für sie das Wichtigste gewesen, aber nun ging es darum, sie auch heil und sicher zurückzubekommen. Um die Grabräuber konnte sich die Polizei kümmern, die hoffentlich auch bald im Lager eintreffen und ihrer Arbeit nachkommen würde. Sie war doch sehr erschrocken darüber, mit welcher Kaltblütigkeit diese Kriminellen es fertiggebracht hatten, harmlose Kinder so hart zu fesseln und alleine in dem Raum zu lassen. Das Stehlen wertvoller Grabbeigaben war sowieso schon nicht nachvollziehbar, aber Kinder zu entführen und zu fesseln war eine ganze andere Nummer. Diese Räuber schreckten vor nichts zurück, und ganz sicher waren sie auch bewaffnet. Sie mussten hier weg, und zwar schnell. „Kommt, wir machen uns lieber auf den Rückweg", sagte sie deshalb sehr eindringlich.

Zoe nickte und Kyra übergab ihr wortlos den Katzenrucksack.

„Danke", war alles, was Zoe sagen konnte. „Ob wir den Rückweg auch ohne Blue finden?" Am liebsten hätte sie ihre Katze wieder in den Rucksack gesteckt.

Da war Mieke sich ehrlich gesagt gar nicht so sicher. Sie war so in Sorge gewesen, dass sie es völlig versäumt hatte, Zeichen auf dem Weg zu hinterlassen. Dann hätten sie es jetzt nämlich deutlich einfacher auf dem Rückweg gehabt.

Aber sie hatte die Rechnung ohne Akito gemacht. „Ich denke, das wird gehen. Ich habe mir alle Abzweigungen eingeprägt, und eigentlich war der Weg auch gar nicht so kompliziert. Es wird schon gehen. Und im Notfall lassen wir Blue halt wieder den richtigen Weg suchen. Sie kann das bestimmt."

Insgeheim fand Ricardo zwar, dass alle etwas zu viel von Blues Orientierungssinn hielten, aber andererseits hatte die Katze ja jetzt schon zum zweiten Mal gezeigt, was in ihr steckte, deshalb hielt er sich zurück.

„In Ordnung", stimmte Mieke zu. „So machen wir es."

Merle hatte sich in der Zwischenzeit schweigend Arme und Beine gerieben. Sie war so erleichtert, die Fesseln los zu sein, dass sie lautlos weinte.

Zoe bekam das mit und nahm sie in den Arm. „Wir sind frei Merle, es ist alles gut.“

Nachdem auch Merle den Raum verlassen hatte und Mieke sie an der Hand hinter sich herzog, kamen sie sehr schnell voran. Akito hatte sich den Weg wirklich sehr genau eingeprägt und er zögerte nie länger als einige Sekunden, bevor er bei einer Abzweigung den richtigen Weg einschlug.

KAPITEL 10

DIE KRAFT DES SCHWERTES

Mieke fing langsam an, sich zu entspannen, denn lange konnte es nicht mehr dauern, bis sie den Ausgang erreichten. Aber dann stoppte Akito vor ihnen abrupt und blieb stehen. Ricardo schimpfte leise, weil er nicht mehr rechtzeitig anhalten konnte und unsanft gegen seinen Rücken prallte. „Was ist denn?"

„Pscht, ich höre etwas. Seid mal alle ganz leise."

Sie hielten den Atem an und lauschten in die Dunkelheit, die sich, vom Licht der Taschenlampen unerreicht, in den Gängen ausbreitete. Tatsächlich, nun konnten es auch die anderen hören. Da kam jemand. Besser gesagt, es kamen mehrere. Und sie versuchten leise zu sein, was ihnen aber nicht immer gelang. Ab und zu war ein kurzes Schnaufen zu hören.

„Mist, Mist, Mist", flüsterte Mieke. „Wo kommen die denn plötzlich her?"

„Vielleicht ist das die Polizei?", überlegte Kyra.

„Wie naiv bis du eigentlich?", fragte Ricardo. „Woher sollte die Polizei denn bitte den Weg durch die Höhle kennen?"

Kyra schwieg beleidigt, während Mieke sagte: „Ricardo hat leider recht, das kann nicht die Polizei sein. Sie würden im Kloster anfangen zu suchen und sich nicht irgendwo da draußen nach einem Höhleneingang umsehen. Sie wissen ja nichts davon. Nein, es müssen Leute sein, die mit den Grabräubern zusammenarbeiten. Im schlimmsten Fall sind es die Grabräuber selbst."

„Aber was sollten die denn hier machen?“, fragte Ricardo.

„Ich dachte, die rauben gerade die restlichen Grabbeigaben aus der Grabkammer.“

„Die ganze Gegend hier scheint nur so von Gängen und Höhlen durchzogen zu sein. Vielleicht haben sie dort hinten irgendwo auch eine Höhle mit einer stabilen Tür gesichert und lagern dort Diebesgut“, überlegte Merle.

„Wie auch immer, wir müssen hier weg. Die Gefahr ist zu groß, dass es sich um die Grabräuber handelt. Das Risiko können wir nicht eingehen“, murmelte Mieke. „Wir müssen hier weg.“

Zoe spürte, wie sie eine Gänsehaut bekam. „Aber wohin?“

„Wir haben die Tür an dem anderen Geheimgang geöffnet“, überlegte Mieke. „Wenn wir den richtigen Einstieg von dieser Seite aus finden, wäre das ein guter Fluchtweg.“

„Aber wo soll denn dieser Einstieg sein“, fragte Kyra. „Hatten die euch die Augen verbunden oder konntet ihr sehen, welchen Weg die Räuber mit euch bei der Entführung genommen haben?“

„Ich habe mir den Weg gemerkt“, sagte Ricardo wie aus der Pistole geschossen. „Ich habe die Schritte nach jedem Richtungswechsel gezählt. Es ist kein Problem, dass auch für den Rückweg zu nutzen.“

„Dann schnell zurück“, sagte Mieke hastig. Sie hatte gar keine Zeit, sich darüber zu wundern, was Akito und nun auch Ricardo alles draufhatten, denn in der Zwischenzeit war das verdächtige Schnaufen immer näher gekommen, und sie war sich nicht sicher, ob die Leute dort nicht gleich vor ihnen stehen würden. Und das wäre gar nicht gut. Überhaupt nicht gut.

Ricardo drehte sich flink um und lief schnurstracks zurück. Sie gingen so schnell und so leise sie konnten. Merle war schon nach kurzer Zeit aus der Puste und sagte: „Gehts auch ein bisschen langsamer? Ich kann nicht mehr.“ Von Kyra kam ein zustimmendes Schnaufen.

„Ihr müsst", antwortete Zoe. „Komm, ich helfe dir." Sie wollte Merle gerade am Arm vorwärtsziehen, als Merle sich den Kopf an einem Felsen stieß und einen kleinen Schmerzensschrei losließ. Alle blieben stehen und hielten die Luft an. Und tatsächlich …

„Da vorne war was! Kommt, wir müssen nachschauen, ob da jemand ist. Wir dürfen uns keine Patzer mehr erlauben. Der Chef wird sonst stinksauer und wir bekommen kein Geld. Ihr habt doch gehört, was er gesagt hat."

„Ach da war nichts", antwortete eine andere Stimme.

„Aber wenn doch, van der Velde bringt uns um, glaub es mir. Wir müssen nachsehen. Los, lauf schneller du Hornochse."

„Es stimmt also", flüsterte Mieke. „Van der Velde ist tatsächlich in diese Sache verwickelt. Der ist unberechenbar. Wir müssen schnell weiter, die dürfen uns auf keinen Fall erwischen." Hastig liefen sie in die Richtung, die Ricardo vorgab. Das Problem war nur, dass Ricardo sich zwar den Weg aus dem neuen Geheimgang gemerkt hatte, aber nicht wusste, wo sich die Tür zu dem alten Gang befand.

„Der kann nicht weit von dem anderen entfernt liegen", war sich Mieke sicher. In diesem Moment flackerte hinter ihnen Licht auf.

„Nein, nein, nein, sie kommen", stöhnte Zoe panisch. „W-wo ist denn n-nur diese blöde Tür?", überlegte Ricardo. „D-da, das ist sie."

„Bist du dir sicher?", fragte Mieke.

„Ja", meinte Ricardo. „E-es kann nur diese hier s-sein."

„Und wenn du falschliegst?", fragte Akito kritisch.

„Wir müssen es probieren, wir haben keine andere Wahl. Akito, öffne das Schloss. Und bitte beeile dich." Miekes Stimme hatte einen sehr nervösen Unterton.

Während Akito an dem Schloss arbeitete, trat Kyra hektisch von einem Bein auf das andere. „Geht das nicht auch ein bisschen schneller?"

Aber Akito ließ sich nicht aus der Ruhe bringen. Er konzentrierte sich und hielt kurz darauf das offene Schloss in der Hand. „Super Akito, gut gemacht“, lobte Mieke. „Schnell, rein da.“ Sie schubste die Freunde durch die Tür. Dann hängte sie das Schloss wieder vor die Tür und zog sie leise hinter sich zu. „Wir müssen weiter“, sagte sie.

So schnell sie konnten, hasteten sie durch den engen Gang und versuchten gleichzeitig, den Felsvorsprüngen auszuweichen. Ab und zu unterdrückten sie einen Schmerzensschrei, wenn sie den Felsen trotz aller Vorsicht zu nahe kamen und sich eine Schramme oder eine kleine Beule am Kopf zuzogen.

„Nächstes Mal nehme ich aber einen Helm mit“, stöhnte Kyra, als ihr Kopf wieder auf schmerzhafte Tuchfühlung mit den Felsen gegangen war.

„Es wird definitiv kein nächstes Mal geben“, antwortete Zoe. „So was wie das hier möchte ich echt nie wieder erleben.“

Schon bald hatten sie die Grabanlage erreicht. Sie atmeten erleichtert auf, als sie sahen, dass die Tür noch offen stand. Schnell entfernten sie die Steine und schoben die Tür hinter sich zu.

„Wow“, seufzte Ricardo. „Das ist ja gerade noch mal gut gegangen.“

„Ach ja?“, fragte eine eiskalte Stimme hinter ihnen. „Für wie blöd haltet ihr mich eigentlich?“

Scheinwerferlicht flammte auf, und sie mussten sich die Hände vor die Augen halten, um sich vor dem gleißenden Licht zu schützen.

„Lassen sie die Kinder gehen“, forderte Mieke sofort.

„Och, jetzt stellt sie schon Forderungen. Aber hier wird keiner wieder gehen. Ich dulde es nicht, wenn mir jemand mein Geschäft vermasseln will. Und schon gar nicht lasse ich mir von so jungen Rotznasen in die Suppe spucken.“

Als sie sich an das Licht gewöhnt hatten, sahen sie einen Mann mit gezückter Pistole vor sich stehen. Er war allein. „Professor van der Velde, nehme ich an?", fragte Mieke und hielt schützend die Arme vor die anderen.

„In der Tat", war die leicht belustigte Antwort. Blue fing leise an zu maunzen, und Zoe strich ihr beruhigend über den Kopf. Neben ihnen holte Kyra zitternd Luft.

Akito stand direkt hinter Mieke und konnte den Professor gar nicht sehen. Aus den Augenwinkeln sah er, dass Ricardo leicht nach vorne nickte. Auch Merle schien das gesehen zu haben. Aber was meinte Ricardo damit? Er hatte zwar sein Schwert, aber gegen eine Pistole? Keine Chance! Wieder nickte Ricardo. Und plötzlich begriff Akito, was Ricardo ihm zeigen wollte. Genau, das Elektrokabel des Scheinwerfers wenige Meter vor ihnen. Das Kabel wurde von den Leuten vom Camp so verlegt, dass keiner darüber stolpern konnte. Es war mit Clips an der Decke befestigt und hing in einem sanften Bogen von oben hinunter bis zum Scheinwerfer. Aber wie nun drankommen? Aber lange brauchte er nicht zu grübeln, denn das Problem löste sich fast von allein. „Ihr kommt jetzt mal schön zu mir her, damit ich euch besser sehen kann."

„Was haben sie mit uns vor?", fragte Mieke.

„Klappe halten, Hände hoch und dann mal langsam und ruhig hier rüberkommen." Als erst mal keiner von ihnen reagierte, brüllte van der Velde: „Wirds bald? Ich habe nicht ewig Zeit!"

Mieke ging zuerst, dann folgten die anderen. Akito hielt sich noch immer in Miekes Schatten und holte langsam und leise sein Samurai Schwert aus der Scheide. Das leise Rascheln, das dabei entstand, konnte nur er selbst hören. Bisher ahnten nur Ricardo und Merle, was er vorhatte. Als er direkt unter dem Scheinwerfer stand, war van der Velde zum Glück vollauf damit beschäftigt, mit Mieke zu sprechen, sodass er Akito gar nicht wahrzunehmen schien.

Akito wickelte sich vorsichtig den Stoff der Schwertscheide um die Hand, um keinen Stromschlag zu bekommen. Er ging leicht in die Knie und wollte sich gerade mit den Füßen vom Boden abstoßen, als er unverhofft das Gleichgewicht verlor und der Länge nach auf den Boden flog. Nur mit Mühe konnte er einen Wutschrei unterdrücken. Fassungslos schaute er seinem Schwert hinterher, das ihm aus der Hand geglitten war. Mit einem unschönen Scheppern kam es auf dem glatten Steinboden auf und rutschte noch ein ganzes Stück weiter.

„Was war das?“, bellte van der Velde und richtete den Scheinwerfer auf Akito, der sich gerade wieder aufrappelte und den Staub von der Hose klopfte. Merle blinzelte überrascht. Das Schwert war direkt vor ihren Füßen zum Liegen gekommen. Hatte sie Ricardos Blicke vorhin richtig gedeutet? Aber für eine Vergewisserung hatte sie keine Zeit mehr. Sollte sie, oder sollte sie nicht? Mit einem lautlosen Stoßgebet zwischen den Lippen zog sie den Ärmel ihres Pullovers über ihre Hand und hob leise das Schwert auf. Wie schwer es war! Genau wie Akito ging sie leicht in die Knie, nahm Schwung und wuchtete sich dann mit aller Kraft in die Höhe. Mit einem sauberen Schnitt durchtrennte sie das Stromkabel. Die Dunkelheit daraufhin war ein Schock. Klappernd fiel Merle das Schwert aus der Hand. Sie hatte es geschafft. Sekundenlang war es totenstill. Mieke fasste sich als Erste und schrie: „Lauft! Lauft zum Ausgang der Grabanlage. Wir müssen es ins Camp schaffen.“

Lautes Getrappel war zu hören, als sich die anderen in Bewegung setzten.

„Halt, bleibt hier“, schrie van der Velde mit überschnappender Stimme.

„Lauft“, schrie nun auch Zoe. Zum Glück kannten sie sich in der Grabanlage aus und fanden auch in der Dunkelheit den Weg. Nur Kyra war das erste Mal hier, deshalb packte Zoe sie am Arm und zog sie einfach mit sich. Hinter ihnen peitschten Schüsse durch die Anlage.

„Der ist ja völlig irre“, keuchte Ricardo.

„Weiter, weiter“, feuerte Mieke die Freunde an.

Als sie wie von Sinnen aus der Grabanlage rasten, verhallten die letzten Schüsse hinter ihnen. Silbriges Mondlicht empfing sie und geleitete sie sicher zurück ins Camp.

„Wir laufen zu mir“, rief Mieke. „Beeilt euch, ich bin mir nicht sicher, was der Verrückte als Nächstes machen wird.“

Beim Laufen blickten Ricardo und Zoe schwer beeindruckt zu ihrer Freundin. „Was sagtest du, hast du noch mal in Sport?“.

Merle grinste breit, brachte aber mit pfeifendem Atem nur ein einziges Wort heraus: „Notfall.“

KAPITEL 11

ENDE GUT, FAST ALLES GUT

Was für eine Überraschung: Als sie keuchend vor Miekes kleiner Hütte ankamen, standen einige Polizeiautos vor der Tür und ein sehr aufgebrachter Dr. Balter kam auf sie zugerannt. „Gott sei Dank. Endlich, da seid ihr ja. Was ist denn passiert? Was ist hier eigentlich los, wo wart ihr denn?", fragte er atemlos.

Hinter ihm tauchten zwei Polizeibeamte auf. „Haben Sie angerufen? Was ist hier eigentlich los?", fragte einer von ihnen auf Englisch.

„Später, in Ruhe – im Moment ist nur wichtig, dass Professor van der Velde im Camp unterwegs ist. Er ist bewaffnet und schreckt offenbar vor nichts zurück." Mieke redete ohne Punkt und Komma und ihre Stimme überschlug sich fast vor Aufregung. „Seine Komplizen räumen wahrscheinlich gerade die neu gefundene Grabkammer aus."

Dr. Balter blickte ratlos von einem zum anderen.

„Beide Grabkammern sind mit unterirdischen Geheimgängen mit dem buddhistischen Kloster verbunden", erklärte Ricardo hastig in holprigem Englisch.

„Das Kloster dort auf dem Hügel?", fragte einer der Beamten.

„Ja, genau" bestätigte Mieke. „Über die Geheimgänge schaffen sie das Diebesgut aus den Grabkammern. Vielleicht lagern sie es irgendwo in den Kellergewölben des Klosters, vielleicht schaffen sie es auch sofort beiseite und bringen es anderswo in Sicherheit."

Die Atempause von Mieke nutzte Dr. Balter: „Van der Velde, ich wusste es. Wo der auftaucht, wächst kein Gras mehr. Aber Grabbeigaben zu rauben ist die eine Sache, unschuldige Menschen mit einer Waffe zu bedrohen, eine ganz andere."

„Er hat uns nicht nur bedroht", sagte Zoe. Vor lauter Wut wechselte auch sie beinahe problemlos in die englische Sprache. „Er hat auf uns geschossen."

Dr. Balter zuckte zusammen, zog seine Tochter schützend in seine Arme und fragte: „Was sagst du da?"

„Zoe hat recht", bestätigte Mieke. In kurzen Sätzen und so schnell sie konnte erzählte sie der Polizei und Dr. Balter, was sich in den letzten Stunden alles zugetragen hatte. „Kommen Sie, ich zeige Ihnen den Weg zu den Grabanlagen", schloss sie ihren Bericht ab und sie brachen auf.

Dr. Balter und die Freunde gingen ins Haus, um sich ausführlich über die vergangenen Stunden zu unterhalten. Mieke kam schon bald zurück. Dr. Balter kam aus dem Staunen nicht mehr heraus, und auch die Neuigkeit, dass in Mieke mehr steckte, als er vermutet hatte, überraschte ihn sehr. Später in der Nacht fuhr wieder ein Polizeiwagen vor.

„Schön, dass die ganze Sache so leise abläuft", meinte Dr. Balter. „Ich habe überhaupt keine Lust darauf, dass das halbe Camp diese Aktion mitbekommt. Es reicht mir schon, dass ich morgen früh alle informieren muss." Die Polizisten hatten gute Neuigkeiten: „Wir haben die Grabanlagen umstellt und die Kammern gestürmt. Ein anderer Trupp hat sich die Kellergewölbe vorgenommen. Ich muss schon sagen, die Spürhunde haben ganze Arbeit geleistet."

„Haben Sie die Räuber festnehmen können?", fragte Mieke.

„Ja, wir konnten fünf Männer und eine Frau überrumpeln. Sie sind schon auf dem Weg ins Präsidium in Nara. Dort werden wir hoffentlich aus ihnen herausbekommen, wo der Professor abgeblieben ist."

Dr. Balter nickte zustimmend: „Das hoffe ich auch."

„Ach ja und noch etwas", fuhr der Polizist fort. „Wir konnten einen Mönch festnehmen, der höchstwahrscheinlich gemeinsame Sache mit den Dieben gemacht hat."

Die Freunde waren nicht sehr erstaunt, als sich herausstellte, dass es Zuko war. „Deshalb hat er hier im Camp gearbeitet", stellte Mieke fest. „Es ging ihm nur um Informationen, die er an van der Velde weiterleiten konnte. Unfassbar, dass wir auf ihn hereingefallen sind."

Die Polizisten verabschiedeten sich mit den Worten: „Wir haben die ganze Grabanlage und das Camp abgesucht. Von dem Professor fehlt jede Spur. Aber wir denken, dass er sie nicht mehr belästigen wird. Er wird ganz andere Probleme haben."

„Ich hoffe, dass sie ihn bald fassen", sagte Mieke, als sie die Tür hinter den Beamten schloss. „Vielleicht sollten wir jetzt besser alle versuchen, ein wenig zu schlafen. Morgen wird ein anstrengender Tag."

Dem stimmten alle zu, aber als sich die Freunde und Dr. Balter gerade die Schuhe anzogen, donnerte ein Hubschrauber über das Camp. „Das glaube ich jetzt nicht!" Dr. Balter sprintete aus dem Haus und sah den sich entfernenden Positionslichtern hinterher.

„Vielleicht ist das die Polizei?", überlegte Merle.

„Ja, klar" meinte Ricardo. „Weil die auch irgendwo außerhalb landet, wo sie doch im Camp ideale Landebedingungen haben."

Das stimmte auch wieder, das musste Merle leider einsehen.

Dr. Balter hatte einen ganz anderen Verdacht. „Mein Gefühl sagt mir, dass van der Velde sich abholen lässt. Der Hubschrauber ist sozusagen sein Fluchtauto. Dass ich da nicht schon früher dran gedacht habe. Anscheinend hat er sich irgendwo in der Dunkelheit versteckt."

Mit einem kurzen Blick zum Himmel ergänzte Mieke: „Was momentan ja auch ein Leichtes ist. Schaut mal hoch, dichte Wolken haben sich vor den Mond geschoben. Es ist viel dunkler als vorhin."

„Ideale Bedingungen, um unerkannt zu verschwinden", knurrte Dr. Balter. „Ich gebe sofort der Polizei Bescheid. Die müssen die Verfolgung aufnehmen, er darf einfach nicht entkommen." Zoes Vater zog sein Handy heraus und informierte die Polizei. In diesem Moment startete der Hubschrauber mit lautem Getöse. Seine Lichter leuchteten wie zum Hohn zu ihnen herüber, und Dr. Balter ließ enttäuscht sein Handy sinken.

„Und?", fragte Mieke. „Was haben sie gesagt?"

„Dass sie einen Hubschrauber aus Osaka schicken werden, aber sie haben mir keine großen Hoffnungen gemacht."

„Wieso das denn?", fragte Ricardo.

„Weil wir hier in Japan sind und man mit einem Hubschrauber sehr schnell über die Grenzen des japanischen Hoheitsgebietes hinaus ist. Bis der Hubschrauber aus Osaka eintrifft, ist van der Velde schon längst über alle Berge."

Und genau so war es. Professor van der Velde war wieder einmal entkommen, und keiner wusste, wo er hingeflogen war. Wahrscheinlich war er mit falschen Papieren über Russland weiter nach Europa gereist. Dr. Balter wurde stinksauer, als er am nächsten Morgen davon erfuhr. Aber da nun in dieser Sache nichts mehr zu machen war, beschlossen die Leute vom Camp, das Beste daraus zu machen und die Ausgrabungen weiterzuführen. Schließlich konnte keiner genau wissen, was sich noch alles unter der Erde verbarg. Außerdem wurde das Museum informiert und ein neuer Abholtermin vereinbart. Zuerst wurde das Diebesgut aus dem Kloster abgeholt und was sich dort nicht fand, wurde schließlich in einem Gebäude gefunden, welches nicht weit vom Kloster entfernt gelegen war. Das Versteck hatten die gefassten Grabräuber verraten.

Als die Freunde und Kyra am späten Nachmittag bei Tee und Kuchen im Küchenzelt saßen, sah Merle, wie Lela ihren Sohn energisch in ihre Richtung schob. „Was wird das denn jetzt", fragte sie sich neugierig. Akito trat ungewohnt zögerlich an ihren Tisch und setzte sich.

„Na, Schwertkämpfer?", frotzelte Ricardo. „Bist du heute auch noch auf unserer Seite oder lässt du jetzt wieder dein Pokerface sprechen?"

Merle trat ihm unter dem Tisch ans Schienbein. „Au, was sollte das denn?", fragte er sie empört.

„Er hat ja recht", erklärte Akito. „Ich bin euch eine Erklärung für mein Verhalten schuldig."

„Aha." Kyra stand auf. „Ich hole mir dann mal lieber eine Cola."

„Wie viel trinkt sie eigentlich von dem Zeug?", fragte Ricardo.

„Ist doch egal, jetzt lass lieber mal Akito zu Wort kommen", meinte Merle.

„Also", fing Akito an und sah Merle dabei dankbar an. „Ich bin schon öfter mit jungen Leuten aus dem Ausland in Kontakt gekommen. Dabei habe ich leider immer mal wieder die Erfahrung gemacht, dass sie sich über unsere Kultur lustig machen." Zoe sah ihn fragend an. „Na, zum Beispiel habt ihr ja schon mitbekommen, dass wir uns die Schuhe ausziehen, wenn wir Innenräume betreten. Und besonders wichtig ist uns das in den Tempeln. Leider war es so, dass gerade Jugendliche sich nicht daran gehalten haben."

„Aha", meinte Ricardo. „Und da hast du das verallgemeinert und einfach so auf uns übertragen?"

Akito nickte. „Im Nachhinein tut es mir echt leid, denn besonders Merle hat sich ja Mühe gegeben."

„Ach, das ist dir aufgefallen?"

Akito wirkte ziemlich zerknirscht. „Und außerdem sind die Jugendlichen, die im Camp helfen, immer nur eine kurze Zeit hier. Und da hielt ich es einfach für besser, keinen Kontakt aufzunehmen."

„Komm", meinte Zoe. „Schwamm drüber. Wir waren ein gutes Team, und nur das zählt."

Akito sah sie erleichtert an, und Lela, die in der Nähe die Tische abgewischt hatte, verschwand mit einem zufriedenen Gesichtsausdruck in der Küche. Merle sah ihr lächelnd hinterher.

In diesem Moment trat Dr. Balter an ihren Tisch und fragte: „Na, wollen wir mal gemeinsam den neuen Gang erkunden? Ihr habt mir ja von den sonderbaren Wandmalereien erzählt, die würde ich mir sehr gerne mal anschauen."

Kyra rümpfte die Nase und meinte: „Ich bin müde, ich lege mich hin und leiste Blue Gesellschaft."

„Auch gut." Ricardo zwinkerte den anderen zu.

Auf dem Weg zur Grabanlage gesellten sich Mieke und Tom zu ihnen.

„Dann zeigt uns mal den Geheimgang", meinte Tom. „Ich bin immer noch sprachlos darüber, was ihr alles erlebt hat und was letzte Nacht hier los war. *Really crazy!*"

Er sprach so schnell, dass Zoe Ricardo Hilfe suchend anschaute. Leise flüsterte der ihr die Übersetzung zu.

„Ja, wir sind alle noch etwas überrascht", bestätigte Dr. Balter.

In der Kammer löste Merle mit geübtem Griff den Mechanismus zum Öffnen der Geheimtür aus.

„Wow", staunte Dr. Balter. „Wie cool ist das denn?"

Mit leistungsstarken Taschenlampen leuchteten sie den Gang aus.

„Kaum zu glauben, dass wir genau hier gestern entführt wurden", staunte Ricardo.

„Ja, voll strange, mir kommt es vor, als wäre das gar nicht passiert", meinte auch Zoe.

Dr. Balter interessierte sich sehr für die Wandmalereien und wurde von Bild zu Bild immer schweigsamer.

„Stimmt was nicht?", fragte ihn Zoe nach einer Weile.

„Doch, doch", murmelte ihr Vater leise. „Aber diese Bilder hier, hmmm …"

„Was ist denn mit den Bildern?", fragte Akito neugierig.

„Nun ja, sie deuten darauf hin, dass … Eigentlich ist das doch unmöglich. Aber es passt alles zusammen. Es muss also so sein."

„Was muss so sein?", fragte nun auch Merle gespannt.

„Also, der Gyonin-Tenno galt als großer Kaiser, der Großes bewirkt hat. Es gibt in der Geschichtsschreibung allerdings praktisch keine Hinweise auf ihn. Es ist wie ein Geheimnis, dass sich vor einem verbergen möchte. Je mehr man sucht, desto weniger findet man. Das kam mir schon immer sehr merkwürdig vor. Und nicht nur mir. Generell gilt Gyonin-Tenno als Geheimnisträger. Alle wollten etwas über ihn herausfinden. Deshalb war der Fund seines Grabes ja auch so unfassbar für uns. Eine wahrhaft große Entdeckung für die Wissenschaft."

„Ja, und?", fragte Zoe nun ungeduldig.

„Nun, die Bilder sprechen ihre eigene Sprache. Sie brauchen keine Worte. Sie offenbaren sich von selbst, ohne aufwendige Übersetzung. Man muss nur genau hinschauen."

„Ja, und?" wiederholte Zoe ihre Frage.

Dr. Balter holte tief Luft und sagte dann: „Gyonin-Tenno war allem Anschein nach eine Frau, kein Mann." Zoes Vater sah in die Runde und registrierte die fragenden Blicke. „Ja, eine Frau. Und sie hat den Bildern nach weise und gerecht regiert. Sie war kein bisschen grausam und sie hat ihre Untertanen auch nicht unterdrückt. Im

Gegenteil, sie hat den Buddhismus gefördert und das Kloster oben auf dem Hügel bauen lassen. Vermutlich hat sie viel Zeit dort bei den Mönchen verbracht. Sie war es anscheinend, die den Buddhismus in diese Gegend gebracht und dafür Sorge getragen hat, dass er lebendig blieb und diese Religion auch ausgeübt wurde."

Mieke sah ihn erstaunt an, fasste sich aber schnell. „Dann passt der Name ja auch ganz wunderbar, denn er bedeutet ‚Morgenröte'."

Dr. Balter nickte anerkennend. „Als sie starb, sorgte ihr Nachfolger anscheinend dafür, dass sie als Frau aus der Geschichtsschreibung gestrichen und als grausamer Herrscher dargestellt wurde." Dr. Balter blieb eine Weile still, dann ergänzte er: „Also, das ist natürlich nur eine Vermutung, mit der ich auch völlig danebenliegen kann. Wir werden eine Arbeitsgruppe aus Archäologen und Historikern bilden, um Sicherheit zu gewinnen."

„Sagte ich doch, dass da was nicht passt", stellte Ricardo fest.

Und Mieke staunte: „Dass ihr das überhaupt möglich war. Schließlich durften Frauen offiziell doch nicht das Land regieren. Vielleicht trat sie in der Öffentlichkeit auch als Mann, also als Kaiser auf."

„Ja", bestätigte Dr. Balter. „Deshalb auch die Rüstung in der Grabkammer."

„Spannend, einfach nur megaspannend", murmelte Merle.

„Da bin ich ausnahmsweise mal ganz deiner Meinung." Ricardo lächelte.

Da die Freunde nun von der Arbeit befreit waren, hatten sie viel Zeit, die sie mit Akito verbrachten. Merle konnte ganz in Ruhe wieder an einem Gottesdienst in der kleinen Kirche im Camp teilnehmen. Zoe und Ricardo waren auch wieder mit von der Partie, und zu ihrem Erstaunen hatte nicht nur Tom daran teilgenommen, sondern auch Lela. Danach hatten alle Teilnehmer des Gottesdienstes noch eine

Weile unter einem großen Baum zusammengesessen und geredet. Tom, der sich gerade auf einer Bank niedergelassen hatte und die Beine ausstreckte, klopfte mit einer Hand neben sich und sagte: „*Come on*, hier ist noch Platz."

Auch Lela gesellte sich zu ihnen und sagte lächelnd: „Für mich ist ein Gottesdienst immer wieder schön." Als Zoe sie fragend anblickte, erklärte sie: „Seit meiner Jugend glaube ich an Jesus. In unserer Familie gibt es Christen, aber auch Buddhisten. Überhaupt gibt es bei uns in Japan einige christliche Gemeinden. Aber das habt ihr ja sicherlich schon mitbekommen."

Merle nickte zustimmend. Das Wetter war herrlich, die Blätter über ihnen raschelten leise im Wind, und Tom erzählte eine lustige Geschichte. Zoe verstand wie üblich nur die Hälfte. Trotzdem war es ein schöner und gemütlicher Nachmittag.

Als sie später wieder in ihre kleine Hütte kamen, saß Kyra in der Küche und nuschelte etwas Unverständliches zur Begrüßung. Sie schlürfte nämlich gerade genüsslich an einem Strohhalm, der in ihrer obligatorischen Cola steckte. Aber das störte die Freunde nicht im Geringsten.

Am nächsten Tag nahm Akito sie mit in den Tempel, der sich auf einem kleinen Hügel im Camp befand. Kyra war zu Hause geblieben, sie wollte sich lieber auf der Veranda in der Sonne aalen. „Wer weiß, wann ich wieder Zeit dazu habe?", erklärte sie mit einem gelangweilten Gesichtsausdruck.

Als die vier auf der Treppe vor dem Tempel saßen und sich die Schuhe auszogen, redete Akito wie bei einer Touristenführung auf sie ein. „In Japan ist der Zenbuddhismus am häufigsten vertreten."

„Dann gibt es im Buddhismus also mehrere Richtungen? Wie es im Christentum unterschiedliche Konfessionen gibt?", hakte Merle nach.

„Ja, in der Tat, die gibt es", sagte Akito mit einem breiten Lächeln. „Im Zen geht es darum, in der Meditation die Grenzen des eigenen Ichs aufzulösen und Erleuchtung zu erlangen."

Die Freunde starrten Akito nur wortlos an, davon hatten sie wirklich noch nie gehört.

„Das eigene Ich auflösen? Was soll das denn heißen?", traute sich Merle zu fragen.

Akitos Lächeln wurde noch breiter, als er erklärte: „Bei der Meditation übt man quasi entspannte Aufmerksamkeit. Es geht darum, in diesem Moment an nichts mehr zu denken, sondern ganz frei von Gedanken zu werden."

„Ach", meinte Merle. „Dann ist die Meditation so etwas wie das Gebet bei uns Christen."

„Nicht ganz", stellte Akito fest. „Ich versuche es mal ganz kurz zu fassen. In der Meditation geht es praktisch darum, dass die Gedanken aufhören. Und Beten ist ja Reden mit Gott, also, man beschäftigt sich in Gedanken mit etwas und bittet Gott um seine Meinung oder dass er eingreift oder so, oder man denkt ganz allgemein eben über Gott nach. Da können die Gedanken auch zur Ruhe kommen, aber eben anders."

Das klang ähnlich und doch sehr verschieden. Akito schien sich mit diesen Themen richtig beschäftigt zu haben. Das fand Ricardo irgendwie ungewöhnlich, aber auch sehr spannend. „Du weißt ja echt richtig viel über diese Dinge."

„Ja", bestätigte Akito. „Das hat mich schon immer interessiert. Mein Großvater konnte nicht nur Schlösser knacken, sondern auch die Zusammenhänge und Unterschiede sehr gut erklären. Und ich war ein guter Zuhörer."

Ricardo nickte nur, denn mehr konnte er zu dem Thema nicht beitragen. Aber dann kam ihm etwas ganz anderes in den Sinn. Etwas, das er ja eigentlich schon die ganze Zeit fragen wollte. „Wieso hast du eigentlich ein Samurai-Schwert?"

„Ach ja, das Schwert." Nachdenklich blickte Akito Ricardo an. „Also, die Samurai, das weißt du ja, sind japanische Krieger gewesen, aber seit fast 150 Jahren gibt es sie nicht mehr." Akitos Blick wurde weich, als er fortfuhr: „Meine Vorfahren väterlicherseits stammen von den Samurai ab. Deshalb habe ich auch ein Schwert."

„Wow", nun war Ricardo richtiggehend fasziniert. „Trainierst du damit auch?"

„Ja, sicher."

Das fand Ricardo richtig klasse. Er schlug Akito freundschaftlich auf die Schulter und meinte: „Schade, dass wir bald wieder abreisen. Du bist echt ein cooler Typ."

Merle schaute überrascht zu Ricardo. Was waren das denn für Anwandlungen?

Als Blue nach einer Zeit mal wieder in ihrem Rucksack herumzappelte, gingen alle ins Küchenzelt, um eine Kleinigkeit zu essen. Auch Blue bekam etwas zu futtern.

Als das Ende ihrer Zeit in Japan nahte, waren die Freunde zwar traurig, Akito, Mieke und vor allem Dr. Balter Auf Wiedersehen sagen zu müssen, aber sie freuten sich auch auf eine ruhige letzte Ferienwoche, die sie vor allem im Schwimmbad verbringen wollten. Weit entfernt von Abenteuern, Geheimnissen und jedweder Aufregung. Zuletzt war das Camp förmlich übergequollen vor Archäologen und Historikern, die alle unfassbar viele Fragen stellten.

Der Abschied auf dem berühmten schwimmenden Flughafen von Osaka verlief traurig.

Als Dr. Balter, Akito und Mieke hinter dem Absperrband zurückblieben und winkten, liefen Merle einige Tränen übers Gesicht und sie sagte leise: „Ist es nicht einfach wunderbar, wie Gott uns geholfen hat, den richtigen Weg zu finden und das Richtige zu tun?"

„Ja", bestätigte Zoe. „Ich bin froh, dass alles gut ausgegangen ist."

Sie winkten ein letztes Mal, dann drehten sie sich um und gingen zu ihrem Abflugsteig. Die Heimreise verlief herrlich ereignislos, mal davon abgesehen, dass Kyra die Hälfte der Flugzeit am Nörgeln war.

Irgendwann verdrehte Zoe nur noch genervt die Augen. Ricardo fing ihren Blick auf: „Apropos Langeweile – was machen wir eigentlich in den nächsten Ferien?"

„Wie ich uns kenne, etwas sehr Spannendes", kicherten Merle und Zoe, während Kyra nur gelangweilt ihre Cola schlürfte.

Blue aber hatte wie immer die Ruhe weg und lag leise schnarchend zusammengerollt im Rucksack.

JAPAN

Der japanische Name für Japan ist Nippon und bedeutet „Land der aufgehenden Sonne“. Japan ist ein Inselreich und ungefähr so groß wie Deutschland, hat aber über 1,5-mal so viele Einwohner. Japans Landmasse verteilt sich auf vier große und viele kleinere Inseln, und diese erstrecken sich über mehr als 3.000 Kilometer im Pazifik. Im Norden ist es kühl, im Süden warm. Insgesamt umfasst Japan über 6.800 Inseln, die fast alle sehr gebirgig sind. Deshalb gibt es dort auch wenig Fläche, die bebaut oder bepflanzt werden kann. Der höchste Berg ist der Fuji, der mit 3.776 Metern über den Meeresspiegel ragt. Er ist wegen seines gleichförmigen Kegels ein beliebtes Fotomotiv. Japan liegt auf dem pazifischen Feuerring, dort treffen vier Kontinentalplatten aufeinander. Weil diese sich ständig übereinander und untereinander schieben, kommt es hier fast täglich zu kleineren Erdbeben. Problematisch sind Erdbeben unter dem Pazifik, denn dann können sich riesige Wellen bilden, die Tsunamis. Zuletzt wurde das Atomkraftwerk Fukushima durch einen Tsunami schwer beschädigt und es kam zu einer nuklearen Umweltkatastrophe.

Japan hat eine parlamentarische Monarchie, das heißt, es gibt auch einen Kaiser, dieser mischt sich aber in die Politik nicht ein. Japan ist das einzige verbliebene Kaiserreich der Welt. Die vorherrschenden Religionen sind der Schintoismus und der Buddhismus.

MIX
Papier aus verantwortungsvollen Quellen
FSC® C014138
www.fsc.org

Bibliografische Information der Deutschen Nationalbibliothek:
Die Deutsche Nationalbibliothek verzeichnet diese Publikation
in der Deutschen Nationalbibliografie; detaillierte bibliografische
Daten sind im Internet über http://dnb.d-nb.de abrufbar.

Gesamtgestaltung: Grafikbüro Sonnhüter,
www.grafikbuero-sonnhueter.de unter Verwendung
von Bildern von © Asier Romero, Zdan Ivan,
Kiselev Andrey Valerevich, kuzmaphoto, Macrovector,
Travelpixs, Marti Bug Catcher, H.Kan (shutterstock.com)
Lektorat: Anja Lerz, Moers
Verwendete Schriften: Adobe Garamond, Bungee
Gesamtherstellung: Finidr, s.r.o.
Printed in Czech Republic
ISBN 978-3-7615-6893-4

www.neukirchener-verlage.de